(Hyper)sensible

Léna Mélard

(Hyper)sensible

Développement personnel

En application de l'art. L.137-2.-I. du code de la propriété intellectuelle, toute reproduction et/ou divulgation de parties de l'œuvre dépassant le volume prévu par la loi est expressément interdite.

© Léna Melard, 2024

Relecture : Léna Mélard
Correction : Claudine Mélard

Édition : BoD · Books on Demand GmbH, In de Tarpen 42, 22848 Norderstedt (Allemagne)
Impression : Libri Plureos GmbH, Friedensallee 273, 22763 Hambourg (Allemagne)

Impression à la demande
ISBN : 978-2-3224-7765-4
Dépôt légal : novembre 2024

Pour ma mère, je t'aime au-delà des étoiles

Pour tous ceux qui m'aident à devenir meilleure

<3

Prologue

Je m'appelle Léna, j'ai 19 ans, et comme beaucoup d'entre vous, j'ai traversé des périodes difficiles, qui m'ont parfois donné envie de tout abandonner. Mais j'ai choisi de me battre. En tentant de vivre une enfance « normale » tout en gérant des problèmes qui ne m'appartenaient pas, je me suis perdue en chemin.

Ce livre, je ne l'écris pas avec un objectif précis, mais plutôt avec l'envie de partager mon histoire. J'ai ressenti le besoin de raconter mon parcours, qui pourrait bien résonner avec le vôtre, surtout si vous vous considérez hypersensible et parfois tourmentée par les événements que vous traversez.

Depuis toujours, écrire a été pour moi une échappatoire. C'était mon moyen de mettre des mots sur mes maux, un espace où je pouvais libérer ce que je gardais au fond de moi. Mais ces dernières années, ce n'est pas seulement l'écriture qui m'a aidée à avancer. En réalité, parler à des professionnels, tels que mes thérapeutes et psychologues, a joué un rôle central. Au départ, je ne mesurais pas l'impact que cela pouvait avoir sur moi. Pourtant, petit à petit, j'ai réalisé que ces échanges m'ont permis d'extérioriser tout ce que je portais en moi depuis tant d'années.

Grâce à leurs conseils et à leur écoute bienveillante, j'ai pu prendre du recul sur mes expériences et développer un nouvel intérêt pour la psychologie et le développement personnel. Aujourd'hui, à travers ce livre, j'aimerais partager ce que j'ai appris au fil des séances et des réflexions : des conseils sur des thèmes comme l'amour, les épreuves de la vie, la spiritualité, et bien plus encore. J'imagine ce livre comme un guide, un recueil de pensées et de leçons que j'aurais aimé pouvoir offrir à une petite sœur.

Vous découvrirez que les obstacles que nous rencontrons dans la vie portent tous un message. Là où certains voient une malchance, d'autres perçoivent une opportunité de grandir. Les épreuves que nous traversons ne sont jamais anodines. En discutant avec mes thérapeutes, j'ai compris que ces obstacles, loin d'être négatifs, étaient des leviers de transformation et d'évolution.

Chaque expérience nous façonne, même si parfois elle nous ramène à la case départ. J'espère que mon récit pourra éclairer votre propre chemin. Ce livre n'a pas pour but de parler que de moi, il cherche à vous aider, à mieux vous comprendre. J'y partage également des conseils et des exercices que j'ai découverts au fil de mon propre cheminement.

Au fil des pages, vous comprendrez pourquoi j'ai ressenti ce besoin urgent d'écrire ce livre. Grâce à mes thérapeutes, j'ai appris que la vie nous teste en permanence, mais qu'elle nous offre aussi des cadeaux, souvent cachés sous les épreuves. Nous passons tellement de temps à vouloir tout contrôler, à réprimer nos émotions, alors que l'acceptation est l'une des clés essentielles du développement personnel. S'accepter soi-même, ainsi que les événements que l'on vit, qu'ils soient heureux ou tristes, est une étape nécessaire pour guérir et avancer.

Aujourd'hui, je ne changerais rien à mon passé, car ce sont toutes ces expériences qui m'ont menée ici, à vous écrire, à vivre ma passion. De la même manière, j'espère que vous saurez, un jour, trouver le sens caché de votre réalité et tracer votre propre chemin de vie.

Je vous invite maintenant à plonger dans mon histoire. Prenez des notes, surlignez les passages qui vous parlent. Ce livre est un guide pour rayonner dans votre quotidien et ne plus vous laisser porter par la vie, mais bien devenir maître de votre destin !

1 L'hypersensibilité

Depuis ma plus jeune enfance, je me sentais différente, ailleurs, dans mon monde à moi.
Celle qui restait dans sa bulle, souvent dans les nuages, c'était bien moi. Vivant mes émotions démesurément en comparaison des autres, étant incomprise face aux autres qui eux, ne vivant pas les évènements de la même manière, ne comprenaient tout simplement pas mes réactions. Des pleurs incessants, des joies incontrôlables...
Je me demandais pourquoi j'étais si différente des autres, pourquoi je ressentais des choses que la plupart des gens qualifient « d'exagération » ou de « caprices d'enfants ». Je me sentais incomprise face à la réalité, celle-ci qui n'était pas ma propre réalité. J'avais l'impression de ne pas avoir ma place dans ce monde, un monde (trop) bruyant qui encore aujourd'hui me brouille l'esprit parfois...

Mon quotidien était compliqué à vivre, car je ne me connaissais pas, je n'avais pas conscience des bénéfices de ma différence et des atouts que la vie m'apportait.
Car en effet, chaque différence relève en nous une qualité, une unicité qui nous est propre et qui amène à nous réaliser en tant qu'humain sur cette terre. La différence devient la force, notre outil pour penser le monde.

Incapable d'expliquer et d'exprimer les sentiments que je ressentais au fond de moi, d'en parler, ça devenait un frein quotidien. Je me rappelle d'une fille au collège me disant : « Mais Léna plus tard tu vas avoir peur de tout si tu restes comme ça ». Bien sûr que cette fille n'y pouvait rien, quand on est jeune la différence est la cible de toute critique, sans penser aux conséquences que cela peut engendrer. La société nous inculque des normes et des valeurs qui ne sont pas propres à tous et qui ne fonctionnent pas pour tous. En soit, je ne rentrais pas dans les cases de la société, car j'étais toujours dans le « trop » ou le « rien du tout ». Sans même savoir que l'on a en nous cette hypersensibilité, les gens te le font remarquer avant même que tu n'en prennes conscience. En conséquence, nous sommes vite caractérisés comme « bizarres », et assez jeune c'est traumatisant.

Sans même savoir que je possédais une hypersensibilité, et ne souhaitant pas paraître « bizarre », la vie a fait que je me suis refermée sur moi-même, sans vraiment m'en rendre compte. Ma famille n'a jamais été douée lorsqu'il s'agissait de parler des émotions. C'est pourquoi, déjà très jeune, je refoulais en moi des émotions qui n'ont fait que s'amplifier au fur et à mesure.

Dorénavant, j'ai pris conscience de ma sensibilité et j'essaye de l'accepter chaque jour. Réussir à pouvoir mettre des mots sur quelque chose que je ne connaissais pas m'a aidé. Savoir que l'hypersensibilité n'est pas une faiblesse, qu'en travaillant avec elle, je suis capable de l'apaiser et ne plus subir cet état émotionnel démesuré.

Concernant, l'acceptation, celle que j'ai évoquée au début de ce livre, la clé à tous nos maux. Dès l'instant où on comprend et accepte ce trait de caractère qui nous est propre, on avance. Vous réalisez donc un pas vers la guérison.

En effet, si vous n'êtes pas dans l'acceptation, les événements de la vie finissent par prendre le dessus. Dire oui à l'expression de ses émotions, les ressentir pleinement, les montrer aux gens et ne plus être complexé de pleurer, c'est humain !
Montrer ses émotions et les exprimer est un processus naturel.
Nous possédons des émotions comme les maisons possèdent des détecteurs de fumée, ceci est simplement une alerte de ton corps.

Ce passage dans l'acceptation de moi-même m'a appris que si vous n'acceptez pas les événements de votre vie qui ont créé en vous des traumatismes et blessures, si vous êtes dans le déni, les répercussions ne feront que s'amplifier dans votre futur. Certes, l'acceptation est une phase assez complexe à passer et prend du temps.
Aller consulter quelqu'un pour lui parler de votre passé, n'enchante personne. On ne veut pas fouiller dans son passé par peur d'y ressortir des émotions et des souvenirs douloureux. Malgré ça, c'est un moyen de comprendre et ainsi refermer les cicatrices. Plus tard, les bénéfices de ce travail vous feront prendre conscience de votre évolution, de votre chemin parcouru.

Pardonner, faire le deuil d'un conflit, ça demande de l'énergie et de la compassion envers vous-même et envers les autres. En soit, personne n'est réellement méchant. Nous agissons juste de la manière dont nous avons été élevés, et cela évolue en fonction de notre chemin de vie. Tout le monde change, la nature, les humains évoluent. Il n'est pas lieu de pardonner à tout le monde pour être dans l'acceptation, le mieux à faire est d'accepter pour soi et de se pardonner à soi-même. Avec le temps, vous vous apercevrez que pardonner pour vous est la meilleure chose à faire, car avec le temps les sentiments de haine et de colère s'apaisent. User son énergie pour des ressentiments n'est pas chose à faire. Mieux vaut garder votre énergie pour les choses qui en valent la peine.

Posez-vous ces questions, analysez la situation tout en prenant en compte votre santé mentale.
Est-ce que l'univers m'envoie un message d'alerte ?
Suis-je alignée avec mes valeurs, mes envies profondes ?
Qu'est-ce que je peux tirer de cette expérience ?
Pourquoi mes relations se ressemblent toutes, et sont néfastes pour moi ?

Ces questions vont faire mûrir une réponse et vous serez plus enclins à vous libérer de ce problème qui vous ronge. Ici, le but est de réussir à réfléchir à soi, se tourner vers soi pour se connaître davantage. Au cas où, vous n'auriez aucune réponse, laissez-vous du temps et revenez-y plus tard.

P.S. : vous avez la réponse en vous, il faut juste commencer à vous écouter :)

Dans notre société, le mot « hypersensible » est fréquemment défini à tort et à travers. Ce n'est pas une maladie ni un défaut. Un hypersensible est un individu qui a la particularité de tout sentir, percevoir et vivre intensément. Si vous avez des réactions intenses, une grande empathie, une attention au changement subtil de votre environnement, il est fort probable que vous le soyez. Environ 20% de la population en est touchée.

Chaque personne peut être impactée différemment. C'est-à-dire que ça peut toucher la dimension sensorielle, émotionnelle, mentale ou bien relationnelle.
Bien entendu, nous ne sommes pas à 100% une catégorie. Cette propriété que l'on possède par rapport à un « non-hypersensible » va se remarquer au niveau du cerveau. En effet, un individu hypersensible à un fonctionnement neuronal distinct d'une personne lambda. Nous avons des capteurs sensoriels plus développés et sensibles.
Ce trait de caractère peut être une qualité exceptionnelle si on sait l'utiliser dans le bon sens. Apprendre à accepter ses émotions fait partie du processus. Nous naissons avec et c'est pourquoi il nous faut comprendre leurs fonctionnements. Le passage à l'acceptation est une phase primordiale pour ainsi développer toutes ses capacités. Les cacher vous condamne à la souffrance.

Souvenez-vous que dans l'acceptation de toutes choses, vous vivrez mieux et en paix avec vous-même. Être en contradiction avec soi engendre beaucoup de souffrance inutile, envers soi et les autres.

« Ne mépriser la sensibilité de personne. La sensibilité de chacun, c'est son génie », expliquait Diderot.

En somme, notre sensibilité accroît notre potentiel et donc notre vie. Si vous êtes pointé comme différent car vous

montrez davantage vos ressentis qu'un autre, répondez-lui que oui vous détenez ce talent-là !
Quelqu'un qui s'en sert positivement commence un changement radical dans sa vie. Utiliser nos caractéristiques uniques afin de créer la vie à laquelle nous aspirons, ne fera qu'accroître notre bonheur et notre réussite. Je l'ai compris lors de mon travail de développement personnel. Faire de nos différences une force. Notre façon de vivre change, notre « mindset » évolue, nous devenons ainsi meilleurs !

Durant une période, j'écrivais beaucoup, ça me permettait d'extérioriser le trop plein d'émotivité. Écrire est une manière de poser ses ressentis sur feuille afin d'y voir plus clair. Par exemple, si vous n'êtes pas à l'aise lorsqu'il s'agit de parler de vos émotions, pourquoi ne pas les écrire pour commencer ?

Je vous fais part d'une de mes réflexions. « Je ne comprendrai sans doute jamais, le fait de passer de super joyeuse à hyper malheureuse (sans raison). Je sais que c'est humain mais purée j'en ai assez de faire les montagnes russes. D'avoir très peur pour ma relation amoureuse, mon avenir, mes journées pas très productives. C'est OK de se reposer mais pourquoi je culpabilise autant ?
L'impression que je ne suis jamais à 100% dans ma vie, l'impression de la regarder sans rien pouvoir faire. Je veux pouvoir vivre sans soucis, sans me préoccuper des problèmes futiles. La vie passe si vite, des moments trop vite oubliés. Pourquoi se prendre autant la tête quand on sait que nous ne sommes pas éternels et que tout peut s'arrêter demain ? »

Voilà un passage de mes nombreuses écritures, très brouillonnes, qui reflète assez bien je dirais mon côté

hypersensible. Le trop plein d'émotions que l'on a parfois du mal à gérer. Comment faire au quotidien ?
Peut-être commencer par poser des mots sur ce que l'on ressent puis au fur et à mesure les accepter.
Ensuite, ce qui m'a beaucoup aidé, ce sont toutes les techniques favorisant le bien-être. Passant de la méditation à l'écriture, à la parole, aux affirmations, à l'EFT (Emotional Freedom Technique).

Très jeune, je m'enfermais dans ma chambre, car c'était devenu mon refuge pour pleurer pendant des heures. Si personne autour de vous ne parle de santé mentale, c'est difficile de se comprendre et d'apprendre à accepter notre part de personnalité qui peut se révéler à part de la « norme sociale ».

Commencez votre chemin de guérison en vous acceptant sous tous les angles. C'est ainsi que la magie s'opérera. Il faut comprendre que chaque émotion est là pour nous dire quelque chose. Le corps communique avec l'esprit à travers les émotions . C'est un signal du corps, un message que l'on se doit de décrypter afin d'en apprendre un peu plus sur nous. Les émotions ne sont pas vos ennemis, mais une indication précieuse à votre santé mentale.

2 Notre enfant intérieur

Notre enfance est l'un des endroits les plus sacrés du développement humain. C'est ici qu'on apprend, grandit, évolue, intègre de nouvelles choses, qu'elles soient bonnes ou mauvaises. Si vous êtes adultes et ressentez certaines peurs ou blessures en vous, elles surgissent sûrement de votre passé. Autrement dit, lorsque vous étiez enfant, vous avez eu des blocages qui, par la suite, se sont transformés en blessures. Celles-ci se réfugient dans votre subconscient et ainsi il est difficile de les faire disparaître car ça demande un long travail sur soi. L'objectif est d'accepter, de ne pas essayer de tenter absolument de les faire disparaître mais de commencer par en prendre conscience.
Apprendre à communiquer avec son enfant intérieur est la meilleure façon de se libérer de ses mauvais conditionnements.

Pendant mon enfance, j'ai développé la blessure du rejet. Voulant à tout prix aider ma mère et parvenir à régler les conflits à la maison, je me suis perdue. Le seul moyen que j'ai trouvé pour parvenir à me sortir de ce mal-être était de m'enfermer dans ma chambre pendant des heures. Je pensais que tout irait mieux, je m'imaginais un monde où les problèmes seraient résolus. Ce monde que je me créais attestait du fait que j'allais mal. Mais c'était mon endroit, ma bulle, ma « safe place ». Cependant, ça m'a créé énormément de difficulté du point de vue social, au niveau de ma confiance en moi, …

Toutes ces blessures se réparent mais il faut avoir le courage de les affronter et ce n'est pas si simple. Travailler sur soi induit que des comportements ou habitudes malsaines vont ressortir contre notre volonté. C'est le processus !
Dites vous que c'est un mal pour un bien par la suite car lorsque certains comportements sont extériorisés, nous commençons à guérir. Il ne faut surtout pas s'en vouloir de réagir ainsi, c'est naturel. Le principal est de se laisser du temps afin d'avancer et se féliciter des petits progrès effectués.

Comment parvenir à communiquer avec son enfant intérieur ?

Tout d'abord, faites un calme absolu et isolez-vous là où personne ne viendra vous déranger. Le calme implique une meilleure communication. Prenez une photo de vous étant petit. Placez la devant vous, et commencez par dire ce qui vous vient par la tête. A première vue, ça semble compliqué mais petit à petit vous y parviendrez. Dites-lui des choses qu'il aimerait entendre, racontez-lui qui vous êtes devenu grâce à votre passé, expliquez-lui qu'il n'y a plus de danger car vous vous préservez et faites en sorte de ne plus revivre l'expérience passée. Rassurez-le, dites-lui que vous êtes une personne totalement différente. Tentez de découvrir, ce qu'il n'a pas accepté, ses blocages, ses envies…

Si vous n'avez jamais communiquer avec, les émotions apparaîtront sûrement assez vite. Vous devez les laisser s'évacuer. C'est le premier pas vers la guérison.

Cette pratique dégage en vous une reconnaissance et de la gratitude. L'exercice est certes difficile mais primordial dans l'élévation de votre âme. Il s'avère que se reconnecter à son enfant intérieur à de nombreux bienfaits sur votre santé mentale. C'est aussi un excellent moyen pour accroître sa confiance en soi et son estime de soi. Un peu de self love ne fait jamais de mal !

Quelques questions à se poser durant l'exercice :

- Quelles sont les activités que je faisais aisément et que je ne fais plus ?
- Qu'est-ce que cet enfant demanderait à l'adulte que vous êtes devenu ?
- Etes-vous fière de vous ?
- Quels sont les conseils que mon enfant intérieur pourrait me donner ?
- Est-ce qu'on s'aime ?

Ensuite, vous pouvez, par exemple lors d'une méditation, repenser à ce qu'il faisait simplement. Les choses qu'il adorait, les bons moments…
En faisant ça, votre enfant intérieur sentira qu'il est le bienvenu dans votre présent, ici et maintenant. En effet, l'inclure dans le moment présent est un cadeau que l'on se fait à soi. Les bénéfices sont multiples, une meilleure conscience de soi, une joie intérieure décuplée, une compréhension affinée de vos envies profondes.

Il existe notamment des thérapies afin de rentrer en contact avec son passé et donc son enfant intérieur. Des techniques où l'on laisse la parole au subconscient afin d'écouter ce qu'il a à nous dire. Bien souvent, nous ne nous écoutons pas.

L'enfant qui sommeille en nous à des choses à nous dire. Il a besoin de s'exprimer et nous ne prenons jamais le temps pour lui.

La kinésiologie est l'une de ces techniques qui va travailler sur votre subconscient. C'est une technique psycho-corporelle qui s'appuie sur la tonicité des muscles pour identifier stress, blocages et charges émotionnelles non évacuées. En outre, celle-ci a de nombreux bienfaits quant à la guérison de certains mal-être vécus. Cette technique s'appuie sur un test musculaire et quelques questions afin de rentrer en contact avec le subconscient. La personne doit être en accord avec elle-même. C'est-à-dire qu'il ne faut pas de résistance sinon la séance ne mènera nulle part. Cette pratique peut améliorer la confiance en soi, ses relations, évacuer le stress, les maux du corps ainsi que les douleurs physiques.

Lors de ma première séance, de nombreuses sensations et émotions sont remontées en moi. Étant dans une période encore difficile de ma vie j'ai directement voulu tester la thérapie. Lorsque la kinésiologue a commencé à me poser certaines questions, mon corps s'est exprimé automatiquement. Je contenais tellement un trop plein d'émotions en moi que je ne parvenais pas à les maîtriser. Ensuite, elle m'a expliqué comment aller se dérouler la séance et comment elle allait procéder.
J'ai vite compris que mon corps allait me parler, chose inhabituelle et très compliquée à accepter. Le but étant de répondre à des questions par oui ou par non mais avec le corporel. Pour commencer la thérapeuthe prend votre main et si la main descend ou monte, la réponse du subconscient sera soit oui soit non. Vous allez me dire que c'est une

approche très spéciale!. Encore faut-il tester pour mieux en comprendre les bienfaits.
Il est vrai que tout ce qui touche à l'inconscient, le côté spirituel, m'attire beaucoup mais une part de moi trouvait cette pratique assez curieuse.

Puis, lorsqu'elle a été en contact avec mon enfant intérieur, tout s'est effondré. Mon corps a parlé de tout ce sur quoi il n'avait pas guéri. Les maux restés bloqués dans le passé étaient encore là, présents dans ma vie. Mon corps n'avait pas accepté pleinement les traumatismes passés. La praticienne m'a ensuite conseillé de faire certains exercices quotidiennement dans le but de me soulager et commencer petit à petit à guérir. Les événements passés de ma vie avaient eu un réel impact sur moi et mon enfant intérieur. Celui-ci était tellement caché et non écouté qu'il s'est mis à exprimer certaines choses du passé que je n'avais même pas pris en compte. Je n'y prêtais pas plus d'attention que ça, pour moi ceci faisait partie du passé, rien de plus. J'ai appris avec le temps que lorsqu'on n'exprime pas et ne vit pas entièrement ses émotions, la vie les fait resurgir un jour où on s'y attend le moins.
Extérioriser, ce mot si essentiel et simple à la fois, que personne ne le fait. Nous pouvons extérioriser de plusieurs manières : par la parole, l'écriture, le sport, la musique... Pleins de façons multiples et variées afin de vous libérer de ce trop plein d'émotions.

L'exercice que je vous conseille de réaliser :

Ecrire pourquoi vous êtes reconnaissant envers votre enfant intérieur.

Pourquoi il vous a fait tellement grandir, en le remerciant, sinon qui seriez-vous à présent s'il ne vous avait pas guidé vers cette direction ?
A l'inverse, la chose à ne surtout pas faire c'est renier celui qu'on a été, ne pas accepter le moi du passé. Peu importe les erreurs, les comportements, se dévaloriser ne va rien arranger et juste vous enfoncer encore un peu plus.

Écrivez-lui une lettre où vous serez totalement guidé par lui, les ressentis, les peurs, les émotions refoulées, les besoins et attentes. C'est primordial de le laisser parler, alors faites-vous confiance et laissez-vous guider par votre enfant intérieur. N'écrivez pas en fonction du vous d'aujourd'hui mais laissez s'exprimer le vous du passé. Ensuite vous pouvez brûler cette lettre, signifiant le passé qui s'achève, les douleurs qui s'en vont, les mots, les souvenirs qui s'envolent. Visualisez la lettre comme un outil pour libérer votre esprit du passé, permettre à votre enfant intérieur de s'exprimer et lui montrer qu'il a toute sa place dans l'instant présent à vos côtés. Par contre, montrez-lui l'évolution entre le passé et la personne que vous êtes devenue. Faites-lui comprendre que le passé n'a plus sa place ici et maintenant, qu'il faut s'en libérer.
Ce n'est pas oublier qui on a été mais plutôt laisser la place à celui que l'on est devenu.

3 L'intelligence émotionnelle (IE)

Chaque humain a une intelligence émotionnelle plus ou moins développée à la naissance.
L'IE, se travaille et se développe. Rien ne reste figé, elle grandit durant votre chemin de vie. Celle-ci ressemble au quotient intellectuel. Cependant, l'intelligence émotionnelle est mesurée différemment.

En effet, elle va au-delà des capacités cognitives et intellectuelles. C'est la capacité à percevoir, maîtriser et exprimer les émotions de soi-même et des autres. Une personne avec une intelligence émotionnelle développée a une excellente compréhension d'elle-même et du monde qui l'entoure. Grâce à elle, nous analysons davantage les réactions et les comportements.

Prenons l'exemple d'un individu doté d'une intelligence émotionnelle développée. Il remarque un changement d'humeur ou d'émotion auprès de son ami, ainsi qu'un comportement changeant. Tout de suite, il se rend compte que quelque chose est anormal chez son ami, et va tenter de lui en parler. Maintenant, du point de vue des réactions que peut avoir un individu avec une haute intelligence émotionnelle, celles-ci seront « réfléchies » selon la situation. C'est -à -dire, qu'avec une prise de hauteur, l'individu ne réagira plus « à chaud », laissera moins ses émotions prendre le dessus et réussira à distinguer les émotions assez complexes.

Souvent, nous réagissons à chaud sans même comprendre ce que nous ressentons et ce que l'autre a ressenti. C'est pourquoi interviennent des problèmes, des incompréhensions et des disputes.

Quelqu'un étant dotée d'une intelligence émotionnelle a une aptitude à :

- Conscientiser ses émotions et les exprimer rationnellement envers les autres

- Distinguer les différentes émotions ressenties et reconnaître celles qui nuisent à la pensée.

- Choisir de vivre ou d'abandonner l'émotion selon la situation

- Comprendre les émotions complexes

D'après Dana Castro, l'émotion est un signal qui révèle toujours des choses sur soi-même et sur les autres.

En effet, l'émotion révèle un signal que l'on se doit de comprendre et d'accepter, le corps nous parle. C'est la seule manière qu'il possède afin de nous faire passer des messages. L'émotion est notre boussole du bien-être !

La première étape est de mettre des mots sur votre ressenti afin de l'accepter et d'en comprendre le sens. En essayant de mettre des mots sur vos émotions, vous arriverez petit à petit à vous comprendre davantage et vivre pleinement vos émotions afin de ne pas les refouler intérieurement. Faire cet exercice n'est pas simple, mais avec de l'entraînement vous observerez que la relation que vous entretenez avec les émotions sera d'autant plus belle.

Une émotion ne dure que quelques minutes si elle est acceptée et vécue pleinement. Vous serez étonné de voir que ce simple exercice changera considérablement votre vie. D'ailleurs, depuis que je pratique l'acceptation complète de mes émotions, je parviens à bien discerner chacune d'elles. Auparavant, mettre un mot sur mes émotions était chose impossible. D'ailleurs, c'est pour cette raison que je me sentais vite submergée dans ces moments.

C'était souvent le soir, où le trop plein d'émotions ressortait, comme si mon corps disait stop et ne retenez plus rien. Ne pas s'écouter et vivre ses émotions revient à se faire du mal soi-même. Le fait de retenir en nous un trop plein met en danger notre santé physique. En effet, le corps accumule ce que nous retenons (exemple : le stress, la fatigue, les angoisses, etc...)
J'ai pris conscience que de telles souffrances sont généralement la cause de maladies graves telles que le cancer. Ayant déjà perdu un proche suite à cette maladie, j'ai assez vite réalisé que prendre soin de soi n'est pas chose à négliger.
Ce cheminement de pensée a pris des années à me parvenir et maintenant je me sens libérée. Comme si un poids s'enlevait, et qu'à présent je vis pleinement. Soyez indulgent envers vous-même, les petits pas réalisés chaque jour mènent à de gros changements. La patience doit faire partie du processus. Vous n'allez pas du jour au lendemain vous écoutez à 100% et laissez parler vos émotions. Prenez le

temps qu'il vous faut, observez vos comportements et vos réactions et agissez en conséquence. Au fur et à mesure, vous constaterez que les changements s'opèrent.

Apprendre à développer son IE permet de se comprendre, se développer pleinement par rapport aux relations aux autres.

Bien souvent, on explique qu'il n'est pas judicieux de réagir à chaud à un événement donné. Il serait davantage réfléchi de prendre son temps, du recul pour ensuite en discuter paisiblement. Pas si simple à mettre en place car chacun à sa manière de fonctionner depuis son plus jeune âge. Cependant, je vous assure que par expérience, c'est l'une des meilleures techniques afin de faire face à un souci.

Comment cela fonctionne-t-il au niveau du cerveau ?
C'est dans notre cerveau émotionnel où se situent nos amygdales, que la décharge émotionnelle va être libérée suite à un évènement. Ensuite, c'est dans le néocortex, que transite la logique et le savoir, c'est-à-dire la solution rationnelle au problème.

L'émotion et la raison sont complémentaires, ils interagissent généralement ensemble afin de trouver une solution à un problème. Cependant, dans certains cas, l'émotionnel prend le dessus et raccourcit le néocortex. C'est ce qui nous pousse à réagir à chaud.
Je me rappelle d'une situation avec mon ex, j'avais trouvé quelque chose qui ne me plaisait pas dans son téléphone, mais sans lui en parler j'ai directement laissé parler mon côté émotionnel, et lui ai envoyé « Tu peux partir, j'ai plus envie de te voir ». Ce comportement est compréhensible mais avec une prise de hauteur j'ai réalisé après coup que ce n'était pas

du tout le meilleur comportement à avoir. Il m'a expliqué que si je lui avais demandé des explications avant de réagir à chaud, le problème n'aurait pas pris une telle ampleur.
On remarque alors que la plupart du temps, nous réagissons trop vite dès que nous nous sentons impuissant voire menacé alors qu'il s'agirait simplement d'attendre et par la suite prendre une décision rationnelle.

Chacun de nous est différent, l'apprentissage émotionnel provient de notre enfance, mais il n'est pas figé dans le marbre.

4 L'instant présent

« Il n'y a qu'un seul instant où vous êtes en vie, cette minute, ici et maintenant ».

L'instant présent me fait penser à la nature, à la beauté de la vie, au naturel. L'ici et maintenant est précieux car nous savons qu'il ne reviendra jamais. Le principe est simple, il s'agit de s'ancrer pleinement, d'être conscient de ce que l'on vit à ce moment même.
Qui ose prendre son temps pour marcher, pour observer, obtenir les messages cachés de l'univers, les oiseaux qui chantent…

Un petit exercice assez simple que je réalise lorsque je passe du temps en famille. Décrocher son téléphone, on le pose quelque part et on profite de la simplicité d'un moment passé en famille. Pour ma part, aller chez mes grands-parents représente un moment très précieux. En ce sens, je ne l'utilise pas ou très peu lorsque je suis avec eux. Je me suis rendu compte des dégâts que le numérique pouvait causer sur mon attention et ma concentration. Je suis davantage distraite par n'importe quelle notification que je reçois.
Nous sommes pratiquement tous concerné, c'est un élément essentiel qui nous permet de nombreuses choses je l'admets mais il reste néanmoins néfaste pour notre mental si nous l'utilisons de façon exagérée.

L'instant présent est un cadeau de la vie, c'est ce qui compte le plus concrètement. Beaucoup d'entre nous ne le savourent que très peu. Vous ancrez dans l'instant créera en vous une nouvelle approche du monde. Un de mes conseils est de réussir à porter un regard positif sur chacun de ces instants. Comme rechercher le côté positif des expériences passées, s'imaginer un joli avenir tout en étant suffisamment là, dans le présent.

Néanmoins, se plonger excessivement dans le passé et le futur n'est pas bénéfique car ce ne sont que des illusions. En moyenne, une personne lambda va passer 5% de son temps dans le présent, 70% du temps dans le passé et le reste dans le futur. On se préoccupe trop de ce qui a été ou de ce qui va être, alors que les réponses sont dans le présent.

Prenons l'exemple d'une personne qui souhaite apprendre à jouer du piano. Elle va sûrement en discuter autour d'elle, y penser énormément sans pour autant se lancer. Malgré les envies profondes que nous avons tous, nous ne passons que très peu aux actes. En plus, nous savons que si nous n'agissons pas dès maintenant, qui nous dit que nous le ferons demain ? C'est pourquoi, si vous souhaitez quelque chose, n'y pensez pas seulement, agissez en conséquence.

Je vous donne mon exemple qui va sûrement vous faire écho. J'ai longtemps voulu être indépendante, mais je ne faisais qu'être dépendante des autres. Sûrement que la peur joue un rôle dans le processus. Jusqu'au jour où j'ai décidé et compris que j'avais les capacités de me retrouver seule, de prendre du temps pour moi sans personne. A présent, j'aime faire des choses seule, comme aller à la salle de sport, me promener, aller au cinéma…

Vous désirez y parvenir mais la peur est si immense que vous ne sautez pas le pas. Laissez-moi vous expliquer que vos peurs ne sont que des créations de votre cerveau. Vous pouvez décider à tout moment de les écouter ou de les faire taire. Seul vous avez le pouvoir de changer la donne. Certes, des spécialistes vous aideront toujours mais vous êtes l'unique sauveur de votre âme. Ce que je veux dire par là, vous êtes le seul maître de votre vie, la seule personne qui à le pouvoir de tout changer.

Souvenez-vous : « votre extériorité reflète votre intériorité »

Vivre dans l'instant présent amène au lâcher prise. Les petites choses du quotidien décuplent de sens, car vous ressentez davantage les sensations. Vous découvrirez que le vrai bonheur est celui du moment présent et vous profiterez de chaque instant un peu plus.
L'exercice est de se désolidariser de votre mental, ce qui cause une forte résistance à être. Juste être, est l'élément indispensable à votre vie. Etre n'est pas penser à ce qui va se passer, à ce que l'on va faire ou même à ce que l'on aurait dû faire. Être c'est être présent à chaque moment de la vie. Ne pas se soucier de l'avenir, ni être trop nostalgique du passé.

Dès l'instant où vous décidez de créer la vie que vous souhaitez en prenant conscience que c'est vous qui la dirigez. Posez-vous les bonnes questions. Où que vous vous situez dans votre vie répondez à ces questions :

- Suis-je alignée avec qui je veux être ?
- La vie que je mène aujourd'hui me convient-elle ?

- Est-ce que je prends le temps de savourer les moments de vie ?
- Pourquoi ai-je tant peur que cela ?

Des réponses vont sûrement te parvenir. Je comprends si vous ne savez pas à y répondre dès maintenant, laissez-vous le temps. Se laisser du temps, ralentir, pour mieux profiter. On parle de passer à l'action, de faire, de créer mais prenez-vous le temps de ralentir le rythme ?

Car dans ce monde très bruyant, on ne se permet pas d'écouter, de ressentir, et de se comprendre. C'est tout à fait normal au vu de la société dans laquelle nous vivons. Promettez-vous de quand même prendre 10 minutes de votre journée pour ralentir et accueillir ce que le corps vous dit. Le corps parle, il suffit de l'écouter parler.

5 L'État d'esprit

« Si vous voulez changez votre vie, vous devez d'abord changer votre état d'esprit ».

L'état d'esprit est le reflet des croyances, des choix et de nos rencontres. Certaines personnes ne réalisent pas qu'ils deviennent ce qu'ils pensent. Votre vie, dans laquelle vous êtes conditionné, n'est sûrement pas celle dont vous rêvez. Si vous souhaitez réussir à sortir d'un état d'esprit passif et négatif, concentrez-vous sur le naturel qu'offre la vie. Ces petites choses qui vous font rire, la simplicité que vous ne laissez plus entrer actuellement. Celui qui ignore sa vie, ignore les bienfaits qu'elle peut lui procurer.

Par exemple, si l'on dit à un enfant que l'on va se promener dehors dans un parc, il est forcément surexcité et impatient. Tandis qu'un adulte ne ressent plus aucune émotion et reste la plupart du temps passif dans l'instant présent.
Impossible pour vous car toujours à courir à droite à gauche, le rythme est si intense que vous ne vous autorisez plus aucun répit ?

C'est vous le seul créateur de votre vie. En ce sens, la perception de la vie est le reflet de nos influences passées et présentes. Elle relate tout un panel d'évènements, de rencontres, de moments marquants de notre vie.
Quelques-uns vont prendre exemple sur leurs parents, leurs caractères, les mimiques…

D'autres développent leur état d'esprit grâce au sport, aux stars et/ou idoles, à la lecture, ou même à certains films.

La vie nous conditionne depuis tout petit, c'est ici le grand point de départ de notre développement. Ainsi, nous agissons selon nos codes. Ces codes sont le reflet de notre première socialisation au monde. Autrement dit, les parents sont le premier modèle, et symbolisent une influence majeure dans le développement de notre état d'être.

Malgré tout, nous ne sommes pas nos parents, heureusement, nous sommes NOUS, une personne à part entière. Cependant, très peu de personnes se posent ces questions :

Au fond, que voulez-vous devenir ?
Quel était votre super héros quand vous étiez petit ?

 Je vous l'accorde, ce n'est pas si simple que ça mais avec de l'ambition et de la discipline, vous accueillerez votre vie de rêve. Sortir de sa zone de confort, montrer aux autres les plus belles facettes de votre âme. Le travail sur soi mène à une vie meilleure car vous rayonnez et les autres le remarquent. Je suis en train de vivre un bouleversement dans ma vie, et sachez que ce n'est pas le premier. La seule chose qui a changé c'est ma façon d'aborder le problème, de comprendre la vraie leçon de vie qui s'y cache. Chaque chose est éphémère, à vous d'en tirer les leçons, d'en faire une force pour avancer. L'exemple du chaman en témoigne, il ne craint pas la mort, ni la souffrance car il sait que c'est la renaissance de quelque chose qui suit. La vie n'est pas opposée à la mort, la vie est une friction constante entre ce qui naît et ce qui meurt. En effet, celui qui ne craint pas la mort a compris le processus de la vie, il sait que chaque chose finit par disparaître afin de laisser place à la renaissance.

Chaque humain vit des évènements, entre problème de famille, rupture que ce soit amicale ou sentimentale, nous vivons presque tous les mêmes événements. Ce qui diffère c'est que nous sommes tous différent et unique à notre manière. Un individu ne vit pas une émotion au même degré d'intensité qu'un autre. Etonnant non ? Chaque être développe en lui des aspects émotionnels qui sont guidés par ses blessures intérieures. Celles-ci se développent durant notre enfance, elles sont étroitement liées à nos parents.

Dans mon cas, ayant la blessure de rejet, je pensais que la fuite était le meilleur moyen de dissimuler mes problèmes, mes émotions, ma vie.
Quand j'y pense dans la plupart des situations compliquées j'aspirais à fuir. Pour fuir une dispute, je partais de la pièce. Lorsque tout me semblait insurmontable, j'avais besoin de tout quitter pour partir dans un autre pays.
Je reviendrais plus en détails sur les blessures dans les prochains chapitres.
A présent, prenez conscience que tout est possible ! Rien ne vous empêche de vivre la vie à laquelle vous aspirez, vous êtes le seul à vous imposer vos propres barrières.
On appelle cela les pensées limitantes.

Revenons à l'état d'esprit, cet état de calme, de positivité, d'abondance qui sommeille en chacun de nous. En effet, il est prouvé que « ressentir » la positivité améliore la guérison.

La pensée aurait-elle le pouvoir de transformer une douleur physique ?

Il est vrai que cette idée paraît fantaisiste à première vue. Néanmoins, des études ont démontré le pouvoir insoupçonné de la pensée. Lorsque nous méditons, par exemple, des sensations et émotions nous parviennent et nous traversent dans tout le corps. Certaines pratiques provoquent une modification des émotions et des sensations. C'est le cas pour les affirmations positives. La répétition d'affirmations engendre une reprogrammation de ton cerveau. Pratiquée principalement le matin pour son côté plus efficace grâce à l'état d'éveil qui est semblable à une phase hypnotique, permet de mieux ancrer les mots et modifier nos schémas de pensées.

Bien évidemment, il n'est pas nécessaire d'être à 100% positif chaque jour et c'est humainement impossible. Par contre, cultiver un état d'être meilleur et accueillir la positivité en chaque chose, est selon moi un mode de vie à adopter. Ma grand-mère me répète souvent, heureux est le simple d'esprit. En soit, ne pas faire tout un plat pour une chose dont on ne se souciera plus dans 5 ans.

On dit souvent que + = + alors appliquez le dès à présent pour en ressentir les bienfaits sur vous et votre entourage. Je peux vous prouver que vous attirerez la bienveillance et la reconnaissance autour de vous.

Un jour, je travaillais en tant que caissière et ce n'était pas un bon jour…

Je m'en étais tellement persuadé que j'attirais tous les clients mécontents, impatients et désagréables. La leçon que j'ai pu en tirer est la suivante : accepte de ne pas être bien mais ne te convainc pas que c'est ton humeur qui va diriger ta

journée. Le fait d'accepter de ne pas être bien quelques heures ne doit pas ruiner votre journée entière !
Vos émotions ne doivent pas avoir le dessus sur vous, c'est vous qui devez apprendre à les gérer et non elles.

« Ce n'est pas une mauvaise vie, c'est juste une mauvaise journée ».

6 Les pensées limitantes

Je vais à présent vous parler des pensées qui nous poussent à ne pas effectuer de changement. Les pensées qui vous disent : « Je devrais faire ça... mais c'est clairement impossible et irréalisable ». Sachez que continuer de penser de cette manière vous amènera à manifester seulement le négatif. C'est comme une boucle qui vous enferme dans un mode de vie où vous vous sentez enfermé et emprisonné. On appelle ça un cercle vicieux.

Un jour, j'ai appris que les mots qu'on emploie au quotidien avaient un réel impact sur nous-même et sur notre façon de vivre. L'impact sur le mental est tellement considérable qu'on se doit de prêter attention à la façon dont on se parle. C'est pourquoi dans ce chapitre je vous explique l'importance que les mots peuvent avoir sur votre façon d'être et de vivre.

Commencez par développer un discours intérieur stable et positif. Lorsque vous êtes seule dans votre chambre, repensez à certains moments et félicitez-vous, remerciez-vous.
En réalisant cet exercice régulièrement, vous remarquerez l'impact que ça a sur votre humeur et votre mental. Inclure ces moments de gratitudes au sein de votre quotidien est si précieux et vital pour votre bien-être. Les mots ont le pouvoir de changer votre vie. Par exemple, les affirmations positives sont l'un des moyens les plus efficaces pour provoquer un changement au sein de votre quotidien.

Des expériences ont montré l'impact négatif des mots désobligeants envers quelqu'un, que ce soit un humain ou un animal, on se doit de respecter autrui, pour le bien-être collectif ainsi que notre bien-être. Car refléter une image de soi bienveillante, attirera des personnes semblables à votre manière d'être.

Faire l'expérience de s'écouter, sans aucun jugement, juste être attentif à soi-même. Pour une fois, prenez le temps de vous poser et de chérir ce moment que vous vous offrez. Ensuite, écoutez-vous parler, observez les paroles que vous avez envers les autres. Sans jugement, le non-jugement permet de juste observer sans mettre de pression inutile. Si la conclusion que vous en tirez est négative, que les paroles ne sont pas positives et bienveillance c'est OK. Réfléchissez à comment changer ces habitudes, les petits pas créent les grands pas souvenez-vous en. Si vous n'êtes pas en accord avec vous-même aujourd'hui, soyez en parfaite harmonie avec vous dans quelques semaines.
Accordez-vous l'erreur et recommencez. Acceptez-vous tel que vous êtes. On n'est pas obligé d'être à 200% chaque jour car c'est inhumain, accordez-vous le temps du temps.

Ce n'est pas sans connaître l'échec que nous réussissons pleinement. Ce n'est pas sans souffrance que nous mettons tout en place pour aller mieux. Ce n'est pas sans routine que nous voulons du changement.

Le seul créateur de votre vie c'est vous et en ce sens seul vous détenez le pouvoir de changer les paramètres !
Essayez de remodeler vos pensées comme vous le souhaitez !

Idées d'affirmations positives :

- Je suis reconnaissant (e) pour tout ce que j'ai et ai eu dans ma vie
- Les choses du quotidien me rendent heureux
- Je suis alignée avec qui je souhaite devenir
- Le moment présent est parfait
- Je me reconnecte à mon être intérieur
- Je respire l'abondance et la bienveillance
- Je remercie ceux qui m'entourent
- Je savoure chaque instant de la vie
- Je fais de moi une priorité
- Je vis dans la plénitude
- J'accueille la joie et la positivité à chaque moment
- Je rayonne et suis entouré par des personnes inspirantes

Une de mes autres pratiques préférées est « le journaling».
Écrivez ce dont vous avez envie dans un carnet, pas besoin d'être parfait ni d'omettre aucune faute d'orthographe !
Le principal est de se libérer, d'écrire ses émotions, de poser des mots sur ses ressentis, afin de mieux apprendre à se connaître. C'est grâce à cet exercice que vous arriverez à vous reconnecter, que vous apprendrez à vous connaître. Se poser des questions et y répondre. Comme par exemple, de quoi suis-je reconnaissante aujourd'hui ? Quelles leçons ai-je apprises ? Quels sont les aspects que je dois retravailler ?

J'écris depuis toujours sans même le savoir. Écrire est ma thérapie, peut-être que pour vous ça sera le dessin ou la musique. Chaque personne a sa propre forme d'art en elle, laissez vos talents parler et vous libérer. Une thérapie puissante qui permet de s'évader dans son monde.

Commencez par écrire quelques lignes chaque jour et les bienfaits se feront très vite remarquer. Car en écrivant vous vous comprendrez, vous décèlerez des facettes de vous que vous ne connaissiez pas auparavant. Croyez-moi, c'est un excellent exercice afin de comprendre pourquoi nous agissons comme tel et que nous réagissons comme cela.

Chaque jour, on apprend, on renaît, on revit !

Une autre chose que j'essaye de pratiquer de plus en plus, c'est la gratitude. Un jour, une personne a dit « Gratitude is the best attitude ». Depuis, je remercie davantage, même si la situation n'est pas agréable, que vous avez l'impression d'être au fond du trou. Je vous assure, remerciez l'Univers, Dieu, peu importe votre croyance, soyez heureux de ce que vous avez. Les petites attentions sont très importantes.

Je me rappelle étant petite, ma grand-mère me récitait la prière du soir avant le coucher. C'était une habitude qu'elle avait ancrée en elle. Rien que le fait de prier, de prendre ce temps pour remercier, pour être en paix, est d'une grande importance. On peut ne pas croire en certaines choses, je l'admets, chacun à sa vision de voir la vie mais se poser afin de remercier la vie est vital pour notre bien-être. Effectuer ce rituel ne vous apportera que gratitude et bienveillance dans votre quotidien.

Par la suite, on réapprend à apprécier la nourriture qu'on mange, le soleil qui illumine notre peau, le sourire d'un ami, un coucher de soleil…
Simplement, remercier les petites choses de la vie qui apportent beaucoup sans qu'on en soit pleinement conscient.

D'ailleurs, on est souvent focus sur le négatif, on imagine le pire, on pense ne pas être parfait dans telle ou telle discipline, n'avoir pas les capacités suffisantes. Cependant, si on arrêtait de se focaliser sur les aspects négatifs afin de voir et prendre conscience des belles choses que la vie nous apporte, ça pourrait complètement renverser notre mentalité ou façon de voir la vie.

7 Visualisation

Les gens qui visualisent sont ceux qui accèdent davantage à la réussite. Ils définissent réellement qui ils veulent devenir. Assez simple dit comme ça, seulement très peu de gens le font. Nous sommes si emportés par la vie que nous nous oublions. Choisir qui nous souhaitons être. Juste être. Comme une sorte de recette miracle pour grandir dans son chemin de vie et aspirer à la vie que nous désirons.

Visualiser est une sorte d'imagination mentale de ce à quoi nous aspirons. Nos rêves les plus profonds, nos envies, notre évolution dans un domaine précis. En quelque sorte, permettre au cerveau d'imaginer et visualiser engendre une création plus rapide dans la monde réel afin que les changements dans les mois et années qui suivent s'opèrent. L'un des facteurs limitant la visualisation, ce sont nos croyances. En effet, nous avons tous des croyances diverses et variées qui influent sur notre façon de penser, d'agir, ou bien même de réagir.
Sachez que les croyances que vous avez ne sont pas fixées dans le temps, elles évoluent si vous en prenez conscience et décidez de les suivre ou non.
Par exemple, si un enfant cache ses émotions car ses parents lui ont fait comprendre qu'il n'était pas approprié de les montrer, il rencontrera des problèmes à l'âge adulte s'il n'en prend pas conscience. L'exemple prouve bien qu'il faut d'abord pointer le problème et savoir d'où il provient avant même de le régler. Les croyances d'un être humain sont

multiples et évoluent avec le temps, il suffit de rester ouvert d'esprit et ne pas imposer son point de vue. Car notre réalité n'est pas celle de notre voisin, chacun reflète sa propre réalité mais ne doit pas l'imposer à autrui.

La visualisation est en réalité accessible à tous. Néanmoins, il est nécessaire de réussir à entrer dans un état méditatif. Travaillez sur votre respiration ventrale (celle qui vous permet de vous détendre), soyez à l'aise et paisible, sans bruit environnant afin de vous créer votre propre bulle, la bulle dans laquelle vous vous sentez en sécurité. Par la suite, imaginez-vous une situation quelconque dans le futur. Des visualisations guidées aident pour débuter parce qu'un cerveau qui n'est pas habitué au calme aura du mal à se concentrer la première fois. Ce type de pratique nécessite de la répétition.

Vous pouvez visualiser en répondant à ses questions mentalement :

Comment j'imagine mon moi futur ?
A quoi ressemble-t-il?
Quelle est sa façon de penser ?
Ses valeurs ? Sa personnalité ?

On l'observe souvent chez les athlètes de haut niveau qui font des projections mentales de leur performance avant une compétition. C'est leur technique de penser positivement au futur, grâce à une préparation mentale, ils sont à même d'être au top de leur performance. Apparemment, les exploits résident à 90% dans le mental et à 10% dans le physique.

Il existe plusieurs façons de pratiquer la visualisation.
Celle-ci implique nos 5 sens, le toucher, l'odorat, le goût, l'ouïe et la vue.
Commencez par visualiser en position de méditation, assis confortablement, les yeux fermés. Puis, de pratique en pratique, vous parviendrez à utiliser l'ouïe afin de plonger davantage dans une visualisation précise. Entendre certains bruits qui vous mettent en situation. Le toucher est également intéressant pour compléter la réalisation de votre objectif. Ainsi que l'odorat, sentir les odeurs environnantes au sein de la situation visualisée. Ensuite, le goût qui aide à ressentir détail par détail le moment. Enfin, la vue, observez-vous en train d'effectuer ce défi, ce record.

Il existe la visualisation interne et externe.
Celle qui va être interne est propre à visualiser la situation avec nos yeux. Imaginer la scène se dérouler dans notre corps, comme dans la vie de tous les jours. Puis, la deuxième fait référence à un regard extérieur, c'est-à-dire se regarder soi en train de performer.

Une pratique qui m'aide beaucoup lorsque je subis des crises d'angoisses, c'est d'imaginer un endroit paisible. Vous connaissez cet endroit dans lequel vous vous sentez revivre. Où tout s'arrête et c'est juste vous et le moment. Une sorte de connexion avec la nature, où le temps est sur pause. Pour moi, cet endroit est la plage. J'imagine le bruit des vagues, le soleil couchant, l'air frais. Pratiquer cette imagerie demande du temps et de l'entraînement car lorsque l'on va mal il ne nous est pas instinctif de penser positivement. Cependant, avec de la pratique je vous assure que ça a eu un effet considérable sur ma façon de gérer mes angoisses.

D'ailleurs, j'écris ce livre en repensant à la petite fille que j'étais. Elle serait tellement fière du chemin que j'ai parcouru. Si aujourd'hui je vous fais part de mes expériences et je vous conseille sur certaines choses c'est tout simplement ce que j'ai vécu, appris et retenu ! Chaque situation, chaque évènement nous cache un message. C'est à nous d'en trouver la leçon. Pas si simple, oui mais pas impossible.

Avant d'être celle que je suis, j'étais dévastée par les évènements, j'avais de la colère, de la haine, de l'incompréhension face à ma vie. En grandissant, j'ai vite compris que le fait d'accepter permet de mieux vivre une situation. Peu importe la situation, le but est de vivre dans l'acceptation. Si les évènements vous dépassent, posez-vous et réfléchissez, pensez-y. Prenez le temps de comprendre vos émotions, d'y mettre des mots, d'en parler à quelqu'un doté d'une écoute active. Accepter ne veut pas dire, laisser couler la situation, au contraire sinon vous vivrez passivement vos émotions. Alors que ce n'est pas le but recherché ici.
Le principe est d'écouter le message de votre corps, les ressentis, les peurs, pour après mieux accepter et réagir en conséquence.

Commencez par accueillir vos émotions sans les diaboliser. Prenez conscience qu'elles sont un indicateur pour avancer dans votre chemin de vie. Les blessures psychologiques sont liées au corps. Si vous ne les soignez pas, votre corps prendra le mal et la souffrance que vous n'extérioriserez pas. Chaque personne a des blessures. Si vous souhaitez connaître les vôtres, c'est le sujet du prochain chapitre !

8 Les blessures intérieures

Des blessures, nous en avons tous. C'est le reflet de nos expériences passées dans notre vie ou dans une autre. Les blessures s'apparentent en énergétique a un blocage. Une énergie qui a stagné dans le corps et a affecté notre côté émotionnel et physique.
Si une personne évite l'évènement, il se pourrait qu'il réapparaisse dans sa vie sous différentes formes. Les blessures sont souvent enfouies en nous, car on ne laisse rien transparaître, on les cache en pensant aller mieux par la suite.

D'où viennent les blessures ?

On se demande souvent d'où elles proviennent. Figurez-vous que c'est généralement durant l'enfance qu'on crée ces blessures. En effet, un enfant intériorise certains comportements en fonction de son environnement, les parents sont leur référence première. Pas étonnant, car on apprend, grandit et interagit avec nos pairs. Ainsi, vos parents étant votre premier centre de socialisation, vous imitez et reproduisez leurs comportements. Vous vous laissez bien souvent guidé par les adultes qui sont censés montrer l'exemple. Sauf qu'en réalité, les exemples que l'on vous montre depuis tout petit ne sont pas forcément les bons. Et puis, même si vous parvenez à vous en rendre compte à l'âge de l'adolescence, ils sont tellement ancrés en vous que c'est un travail qui demande du temps afin de commencer à changer ses habitudes.

Énormément de personnes vivent avec leurs blessures tout au long de leur vie, et n'ont pas réussi à les guérir. Je veux que vous compreniez l'ampleur du travail que ça représente. Il ne faut pas se dire que vous allez les guérir rapidement car vous souhaitez vous en débarrasser. Il vous faudra procéder par étape, et faire preuve de patience et d'acceptation sans limite.

C'est pour cette raison qu'une blessure est difficilement réparable et prend du temps à disparaître. Ce n'est pas impossible, juste un chemin qui demande une grande patience et mûre réflexion.

Soigner ses blessures intérieures revient à nettoyer la plaie, la désinfecter, puis recoudre pour ainsi faire peau neuve. Néanmoins, nombreux sont ceux qui se disent que la blessure n'est pas si dramatique et mettent un pansement pour « cacher » la plaie. C'est grâce à cette métaphore que ma psychologue m'a permis de comprendre qu'une blessure non soignée est une blessure qui continuera à s'ouvrir et laisser des traces dans notre vie. Ainsi, prendre le temps de la soigner est la meilleure solution.

Pourquoi beaucoup de personnes font le choix de ne pas soigner leurs blessures ?

Simplement pour des raisons de difficulté à plonger dans le passé, ce n'est pas si simple d'ouvrir la porte du passé, car des souvenirs douloureux peuvent ressortir à tout moment et personne n'a envie de ça !
D'autres n'ont juste pas conscience de l'ampleur que causent les traumatismes liés à l'enfance. Ils n'ouvrent pas les yeux car pour eux c'est « normal ». Et c'est dans cette normalité

qu'ils continuent à répéter les schémas toxiques causés principalement par leurs blessures d'origine.

Expliquer comment régler vos blessures serait trop long, je vous laisse vous référer au livre de Lise Bourbeau « les 5 blessures qui empêchent d'être soi-même ».

Les blessures influencent le corps, la façon d'être, la façon d'agir, les peurs qui en découlent.
Par exemple, une personne ayant la blessure de rejet, va être distant, prendre la fuite si une situation lui paraît compliquée à gérer. Son corps est souvent contracté, étroit, mince ou fragmenté.

L'un des éléments fondamentaux à comprendre par rapport aux blessures, est le fait que l'on porte chacun un « masque ». Selon la ou les blessures vécues, nous développons un masque qui nous « protège » et qui apparaît lors de nos peurs. Lorsque l'on met le doigt sur nos blessures, nous comprenons davantage nos réactions sociales, nos peurs, et pourquoi à certains moments nous agissons de telle ou telle sorte. Le masque permet ainsi de rassurer l'égo, cette construction mentale qui nous malmène quand on l'écoute trop.
L'égo se nourrit de la peur, du passé et de l'avenir. Par exemple, les conseils que l'on donne aux autres sont l'expression de l'égo.

Cette entité mentale qui nous maintient bien souvent dans notre zone de confort. C'est en quelque sorte notre petite voix intérieure qui nous pousse à réagir et à agir d'une certaine manière en fonction de nos blessures et insécurité développés lors de notre enfance. Il reflète notre conscience

de nous-même, ce que l'on perçoit de notre personnalité. Ainsi, il se manifeste par le « moi », le « je ». Nous le pensons réel car il se manifeste plus ou moins selon les différentes situations auxquelles nous faisons face. Il apparaît dans le but de nous « protéger » car il assimile certaines situations à des dangers potentiels.
Malheureusement, bien souvent, l'égo nous pousse contre notre volonté, nos objectifs car pour lui ce n'est pas normal d'agir ainsi. La conséquence du « moi » sur-développé chez l'individu entraîne une incapacité à sortir de sa zone de confort ou bien de réagir toujours de la même manière selon un évènement type.

« Ce n'est pas ce que l'on vit qui fait souffrir, mais bien la réaction à ce que l'on vit, à cause de blessures non guéries », Lise Bourbeau.
Tenir compte de ses blessures aide à mieux se comprendre, mieux s'accepter, mieux vivre avec soi et les autres. Ne cherchez pas directement à guérir, car c'est un long cheminement, tout au long de votre vie et vous devrez vous y confronter. Cependant, la première étape est de prendre conscience et d'accepter que ces blessures sont en vous. Même si à présent, vous les connaissez et vous assimilez davantage vos réactions avec autrui, ne vous jugez pas. J'essaye de vous expliquer que vos faits et gestes ne nécessitent pas d'être jugé à chaque fois. Il est intéressant de reconnaître que vos blessures influent sur votre comportement. Au contraire, prenez en conscience mais n'essayez pas de changer instinctivement les réactions que vous avez depuis des années. C'est humainement impossible, du jour au lendemain, de stopper net des comportements ancrés depuis toujours. Faire cela n'engendre que du refoulement intérieur, qui décompose votre être.

Savez-vous que certaines blessures se transmettent via vos parents. C'est-à-dire, si l'un de vos parents n'a pas réglé sa ou ses blessures, il peut vous conforter et vous éduquer en fonction de ce qu'il a vécu et de sa manière de concevoir la vie. Vous constatez cela lorsqu' une mère dit à son enfant : « ne fais pas ça sinon il va t'arriver ça » ou bien « j'ai peur que tu… ». Inconsciemment, vous intégrez les peurs et insécurités de vos parents, avec les problèmes qui s'ensuivent…

Si vous ne prenez pas le recul nécessaire, vous vivrez en fonction des peurs d'autrui. Au fur et à mesure, la vie vous montrera que vous reproduisez certains schémas que vos parents ont vécus. La plupart des gens n'acceptent pas les défauts de leurs parents et veulent absolument ne pas reproduire leurs erreurs. Cependant, il faut prendre de la hauteur et regarder au-delà. Les problèmes surviennent souvent depuis l'enfance. C'est pourquoi, il ne faut pas diaboliser le comportement d'une personne, car, dans la plupart des cas, ce n'est pas de sa faute. Attention, je ne parle pas pour tous ! Ceux qui ne font pas d'effort et ne reconnaissent pas qu'ils agissent mal, sont dans le déni.

Identifier nos blessures :

Nous souffrons tous d'au moins 3 blessures, certaines plus dominantes que les autres. Prendre conscience de sa blessure principale aide à commencer le processus de guérison. Le but étant de se libérer de l'emprise de cette blessure afin d'être pleinement soi-même.

Les blessures de l'âme sont au nombre de 5 et sont, par ordre chronologique : le rejet, l'abandon, l'humiliation, la trahison et l'injustice. D'après Lise Bourbeau, tout ce que nous vivons de désagréable dans notre vie est relié à nos blessures. Que ce soit sur le plan mental, émotionnel et physique, ce n'est que les conséquences de nos blessures non guéries.

Chaque blessure est associée à « un masque ». Il s'agit de la réaction de défense que l'on va adopter face à une situation en fonction de notre blessure. Lorsque vous ressentez une émotion grandir en vous, et que vous libérez cette émotion sous forme de colère par exemple, vous ne réagissez pas à la situation en elle-même, vous réagissez à la réaction que la situation a sur vous. Cette réaction, Lise Bourbeau l'appelle « le masque ».

Bien généralement nous portons en nous les blessures de nos parents si eux-mêmes n'ont pas entamer le processus de guérison.

LE REJET

Naissance de la blessure : entre 0 et 1 an. Evcillé par le parent du même sexe, lorsque l'enfant ne se sent pas accepté ou désiré.

Masque : Fuyant.

Attitude et comportement du Fuyant :

- Sensible aux remarques du parent du même sexe.
- Se considère comme nul et sans valeur
- Se complait dans des plaisirs éphémères (sommeil, astral, drogues, alcool…)
- Ne s'attache pas à l'argent ni aux biens matériels
- S'isole et fuit
- Doute de son droit à l'existence et à l'amour
- Principale peur : la panique

Caractéristiques physiques du Fuyant : Corps étroit et contracté. Haut du corps replié sur lui-même. Parties du corps plus petites ou manquantes. Parties du corps asymétriques. Yeux cernés. Voix basse et éteinte. Problèmes de peau, soucis respiratoires et cardiaques.

Se guérir et se libérer : se pardonner et pardonner aux autres. Affronter sa peur. Arrêter de fuir. Oser prendre sa place et s'affirmer.

L'ABANDON

Naissance de la blessure : entre la naissance et l'âge de 3 ans. Vécue par le parent du sexe opposé. Ne s'est pas senti soutenu et a manqué de nourriture affective. Cette blessure est vécue dans la vie avec les personnes du sexe opposé.

Masque : Dépendant.

Attitude et comportement du Dépendant :

- Cherche constamment le soutien et l'approbation des autres
- Besoin d'attirer l'attention
- Dramatise
- Vis des montagnes russes
- N'accepte pas le « non »
- Principale peur : La solitude

Caractéristiques physiques du Dépendant : Corps long et mince, sans tonus. Épaules tombantes et dos courbé. Système musculaire sous développé. Grands yeux tristes. Voix d'enfant. Problèmes d'asthme, de myopie, d'hystérie ou de dépression.

Se guérir et se libérer : se pardonner et pardonner aux autres. Apprendre à vivre en se sentant bien dans les moments de solitude. Avoir confiance en soi. Ne pas chercher l'attention des autres.

L'HUMILIATION

Naissance de la blessure : entre l'âge d'1 et 3 ans. Éveillée par le parent (souvent la mère) qui réprime toute forme d'affection physique. L'enfant s'est senti rabaissé, critiqué ou comparé.

Masque : Masochiste.

Attitude et comportement du Masochiste :

- Personne très sensuelle qui aime les plaisirs associés aux sens mais qui les refoule par peur de déborder
- Fait tout pour ne pas être libre donc devient très serviable et s'occupe des autres avant lui
- Hypersensible
- Se dévalorise souvent
- Relation fusionnelle avec la mère
- Principale peur : la liberté

Caractéristiques physiques du Masochiste : Corps généralement rond. Surplus de poids. Taille courte. Vêtements souvent trop serrés. Yeux ronds, ouverts et naïfs d'un enfant. Voix douce et mielleuse. Problèmes de dos, problèmes respiratoires, maux de gorge, problèmes cardiaques. Extrémiste avec la nourriture.

Pour se guérir et se libérer : se pardonner et pardonner aux autres. Reconnaître à quel point on a eu honte de soi-même. Faire passer ses besoins avant ceux des autres. En prendre moins sur ses épaules.

LA TRAHISON

Naissance de la blessure : entre l'âge de 2 et 4 ans. L'enfant s'est senti trahi ou manipulé par le parent du sexe opposé. Lorsque le parent du sexe opposé dévalorise ou maltraite le parent du même sexe. Vécue dans la vie avec les personnes du sexe opposé.

Masque : Contrôlant.

Attitude et comportement du Contrôlant :

- Personne très physique, forte avec une importante personnalité
- Adore attirer l'attention
- Veut avoir le contrôle sur tout
- Intolérant et impatient avec les personnes plus lentes que lui
- Très séducteur et manipulateur
- Difficulté à s'engager avec les personnes du sexe opposé
- Se met facilement en colère
- Principale peur : la dissociation

Caractéristiques physiques du Contrôlant : Pour l'homme, les épaules sont plus larges que les hanches. Force et pouvoir dans le haut du corps. Pour les femmes, la force est dans le bassin. Les hanches sont plus fortes et larges que les épaules. Force dans les fesses, les cuisses et les jambes. Voix forte. Maux d'articulations, inflammatoires.

Pour se guérir et se libérer : se pardonner et pardonner aux autres. Apprendre à ne plus se mettre en colère lorsque les choses ne se déroulent pas comme on l'entend. Apprendre à lâcher prise et à ne plus vouloir tout contrôler. Laisser les autres prendre leur place. Ne plus vouloir être le centre de l'attention.

L'INJUSTICE

Naissance de la blessure : entre l'âge de 4 et 6 ans. Eveillée avec le parent du même sexe. L'enfant a souffert de la froideur et de l'insensibilité de ce parent. Souvent vécue avec des parents sévères et autoritaires. L'enfant trouve injuste le fait de ne pas pouvoir s'affirmer et s'exprimer. Possiblement vécu par les personnes du même sexe dans la vie de tous les jours.

Masque : Rigide.

Attitude et comportement du Rigide :

- Très perfectionniste
- Très optimiste en surface
- Craint l'autorité
- Se débrouille seul et a de la difficulté à demander de l'aide
- Constamment dans l'action
- Se coupe de ses émotions
- Principale peur : la froideur

Caractéristiques physiques du Rigide : Corps droit, équilibré et bien proportionné. Cou raide. Mâchoires serrées. S'habille serré pour montrer sa petite taille, souvent en noir. Ventre plat. Peur de prendre du poids. Apparence soignée, semble sexy mais non sensuel. Fesses rondes et bombées. Teint clair avec un regard brillant. Problèmes d'insomnie, de burn out, de constipation, d'anorgasme (femmes). Peau sèche.

Pour se guérir et se libérer : se pardonner et pardonner aux autres. Se donner le droit à l'erreur et devenir moins perfectionniste. Libérer ses émotions.

Un moyen très efficace pour guérir ses blessures est d'être très attentif dans notre comportement envers les autres. Aussitôt que vous vous apprêtez à réagir en fonction de vos blessures, prenez quelques secondes, respirez un grand coup et réfléchissez au « masque » que vous êtes en train de porter. Libérez-vous de ce masque, de vos blessures et devenez enfin vous-même. Cela paraît très difficile à mettre en place, mais le temps est la clé, accordez-vous de la patience et tout finira par se décanter.

9 La positivité

Nous sommes bombardés par des personnes qui nous disent de penser positif, positif, positif sans se préoccuper du négatif. Qu'apparemment pour avancer il faudrait être pleinement épanoui et heureux.
Bien sûr, la pensée positive aide dans la vie de tous les jours. Or, n'oubliez pas d'accepter tout autant les aspects moins fun, les jours où rien ne se passe comme prévu, où tout va de travers. Vous ne pouvez pas recevoir que du positif dans votre vie, car sans événements négatifs vous ne pourriez pas connaître le positif et inversement. C'est le cycle de la vie, il suffit d'accepter son processus. Nous vivons en cycle et avoir des moments bas est essentiel. C'est grâce à ces périodes de réflexion que l'on sait davantage ce qu'on veut et ne veut plus.

Ne pas renier le négatif permet d'avancer et d'évoluer sur votre chemin de vie. Vous remarquez comment à chaque évènement brutal, notre vie bascule du tout au tout. Les moments compliqués sont là pour vous montrer le chemin, vous faire savoir ce que vous désirez et ce que vous ne désirez plus. A présent, rappelez-vous d'une période de votre vie, un moment assez perturbant et traumatisant, pensez-vous que vous seriez la même personne sans l'avoir vécu ?

Avant tout, reconnaître et accepter qu'à certains moments nous avons le droit d'être mal, triste ou démotivé. Bien que

cela ne doit pas durer, il est important d'accepter de traverser des moments difficiles pour ensuite se sentir mieux.
Nourrir cet état de négativité n'est pas ce que je vous conseille sur le long terme bien-sûr !
Pour avancer, demandez-vous si ce qui vous paraît insurmontable aujourd'hui le sera encore dans 5 ans. Fréquemment, la réponse est non. On change à une allure colossale en 1 an, alors en 5 ans vous aurez sûrement plus en tête le problème du moment.

Je vous conseille de trouver votre routine « moral à 0 ». Faites des choses qui vous plaisent. Des choses qui ne plaisent qu'à vous, isolez-vous si possible afin d'être mieux connecté à vous et non aux autres.

Par exemple, écrire aide moralement à se sentir mieux, appeler une amie, faire une séance de sport. Même si vous n'avez pas envie de le faire, passez à l'action !
C'est en commençant une petite action que vous en faites d'autres. Petit à petit, vous trouverez la routine qui vous convient.

Connaissez-vous la méthode des petits pas ?
C'est en commençant par des petites actions chaque jour que vous allez avancer.
Par exemple, lors d'une rupture on ne comprend pas ce qu'il se passe, on est désemparé.
On ne peut pas nager lorsqu'on est en train de se noyer, alors n'essayez pas de réfléchir à comment vous en sortir alors que c'est tout frais et récent.

La première chose est d'accepter pleinement ses émotions. Si vous les refoulez, la rupture sera également refoulée. Vous

ressentirez les émotions beaucoup plus tard alors que vous pensiez en avoir fini. Ne pas écouter ses émotions c'est comme jouer avec un boomerang, on lance ses émotions loin, très loin mais elles finissent toujours par revenir.
Afin de les accepter dans leur entièreté, je vous conseille de trouver un moment de pause lorsque vous sentez qu'elles surviennent, si les larmes coulent, laissez-les, si la colère vous prend, énervez vous. Faites le sinon votre corps se chargera de le faire à votre place.

Parlons de la positivité négative, vous connaissez cette positivité qui est assénée partout sur les réseaux disant qu'il faut absolument être POSITIF. A quoi rime cette idéologie si vous n'êtes pas bien ? Se sentir mal pendant un temps n'est pas grave tant que ça ne dure pas. J'ai moi-même longtemps pensé que j'allais rester dans mon malheur alors que ce n'était qu'une illusion de mon mental.

Chaque chose est éphémère, et c'est ce qui en fait la beauté. La vie ne vous laissera pas rester éternellement dans la souffrance et le mal-être, d'autres chemins s'ouvriront à vous. A présent, c'est à vous de saisir toutes les opportunités afin de vivre la vie dont vous aurez décidé. Commencer par comprendre que la vie que nous vivons, c'est la nôtre et non celle du voisin. Beaucoup d'être humain se contente de vivre pour les autres, c'est une terrible erreur car, lorsque les personnes partent de leur vie, leur monde s'écroule.

Visualisez votre vie comme une tour, les briques sont une métaphore qui représentent les personnes qui vous entourent. Les briques s'empilent les unes sur les autres. Chaque chose s'imbrique, mais qui doit être la fondation ? Je vous laisse réfléchir... C'est vous ! Vous et vous seul devez être la base de cette tour. Pourquoi ? Car si vous mettez autre chose à la place, et que cette chose disparaît, la tour s'effondre. Sauf que si c'est vous la fondation, la tour ne s'effondrera pas. Cette métaphore m'a marqué. J'ai toujours pensé qu'il fallait avoir quelqu'un sur qui compter pour vivre. Mais détrompez-vous, vous êtes la seule personne qui vit et respire dans votre corps, alors pourquoi avoir besoin des autres. Attention, je ne bannis pas la possibilité d'avoir quelqu'un dans votre vie. Juste, prenez conscience que cette personne peut éventuellement ne pas rester à vie. Chacun est libre de ses choix, alors commencez par vivre pour vous !

Être égoïste, penser à soi n'est pas une chose malsaine. Mais ne penser qu'à soi en est une. Il faut comprendre que la vie est une balançoire, il faut garder l'équilibre pour ne pas tomber. Cet équilibre c'est vous qui vous l'apportez. Soyez plus égoïste à certains moments, ça vous permettra de vous protéger. Il est très compliqué de changer un comportement ancré en nous, mais avec de la pratique vous réussirez à penser davantage pour vous.

Parfois, la vie nous met à rude épreuve mais après la pluie vient le beau temps.

La vie est un jeu, constituée à la fois de moments joyeux et d'autres que l'on aimerait ne jamais ressentir. J'ai déjà pensé à éteindre mes émotions. J'ai déjà eu des pensées noires. Malgré tout ça, je suis encore là, à vous écrire. Ne pensez pas que c'est la fin car tout tourne mal autour de vous. Ce n'est pas simple d'y croire lorsque la seule envie que vous avez c'est de tout abandonner mais repensez à tous ce que vous avez déjà accompli !

Un jour, après ma rupture, je me sentais mal et n'avais plus goût à rien. Grâce à ma meilleure amie, j'ai réalisé que ma vie n'était pas si horrible qu'elle le paraissait. J'ai une situation familiale qui s'est améliorée, j'ai connu le vrai amour, j'ai des amies en or, je fais ce qui me passionne ! Vous voyez comme c'est beau de réaliser ses accomplissements personnels. Essayez de faire pareil, rédigez-les dans un carnet et relisez-les à chaque moment de bas. Je vous assure, vous en ressortirez apaisé.

Une autre méthode qui fonctionne assez bien, c'est le miroir. Répétez 3 choses pour lesquelles vous êtes fier. Vous en ressentirez les bienfaits par la suite. Essayez d'ancrer ces pratiques, elles sont là pour votre bien-être personnel. Si je vous en parle, c'est qu'elles ont fonctionné pour moi.

La positivité n'est pas une émotion, c'est un état d'esprit à développer. Je l'ai compris lorsque j'ai rencontré des personnes souriantes et bienveillantes qui n'avaient pas les circonstances pour l'être. Le message que j'aimerai passer à travers ce chapitre est de devenir ceux que vous admirez. Combien de fois s'est-on retourné vers une personne extrêmement sympathique et joviale en se disant mais comment fait-elle pour être si heureuse?
Incarnez cette personne, si quelqu'un reflète en vous un trait de caractère qui vous attire, c'est en réalité qu'il sommeille déjà en vous. Ne le laissez pas enfoui et acceptez ce trait de caractère. Faites de vous une personne aussi accueillante et chaleureuse que ceux que vous complimentez dans votre entourage. En soit, être positif c'est un état d'esprit! Ce n'est pas sourire et être heureux à chaque moment de sa vie. Juste prendre le temps de savourer chaque moment avec un

peu plus de saveur qu'avant. Il en est de même pour l'instant présent, mettre un peu de piquant dans son quotidien.

« On attire ce que l'on reflète »
Les vibrations émises par votre corps vous font vibrer à une certaine fréquence, ainsi vous attirez les personnes qui vibrent comme vous. C'est pourquoi, il est nécessaire de commencer à chercher le positif partout autour de vous, dans chaque instant de vie.

D'ailleurs, certains parlent de « romantiser leur vie » , qu'est-ce-que cela veut dire ?
Le but est simplement d'apporter un nouveau regard sur nos moments de vie, en extraire des sensations et émotions positives et joyeuses. Par exemple, faire une balade dans la forêt, tout en écoutant attentivement les bruits environnants. Le chant des oiseaux est pour certains source de bonheur et d'apaisement. Chacun trouve à sa manière des petites choses qui embellissent la vie et la font voir sous un nouvel angle, un angle plus beau à regarder. Romantiser sa vie n'est pas se mentir ni être superficiel, c'est simplement quelque chose à créer pour soi dans le but de ne plus subir un quotidien et un train de vie monotone.

Les astuces à mettre en place :

- trouver des choses qui nous font plaisir, par exemple la musique, le dessin, un sport en particulier
- s'ancrer dans l'instant présent, le meilleur moyen de profiter pleinement et d'être ici et non dans le passé ou le futur

- ne plus subir le quotidien, ne plus faire des actions pour dire de les faire mais tenter d'en retirer toujours un aspect positif ou un enseignement
- s'arrêter ou ralentir sa vie, savoir s'ennuyer pour se reposer moralement

Ralentir dans sa vie permet de mieux percevoir, ainsi de profiter davantage des petits instants de vie et de les savourer pleinement. Je suis consciente que ce n'est pas possible à chaque fois. Essayez de chercher l'équilibre qui vous conviendra. Vous en constaterez les bienfaits, et à force de pratiquer, cette routine s'ancrera dans votre quotidien.

10 Les énergies

« Soyez l'énergie que vous voulez attirer ».

Nous sommes entourés et constitués d'énergies. Chaque chose est énergie, nos émotions, réactions, entourage, maison...
La physique nous prouve que l'infini est énergie, alors tout ce qui nous constitue est énergie, ce n'est pas de la matière.

Vous est-il déjà arrivé de rentrer dans une maison avec un sentiment de bien-être total ? Ou alors à l'inverse, être mal à l'aise sans savoir à quoi cela est dû.
C'est le reflet des énergies circulant dans nos habitats. Par ailleurs, si vous êtes extrêmement ancré et réceptif au monde spirituel, les ressentis sont décuplés. Au plus nous sommes éveillés et ouverts sur ce monde, au plus nous ressentons, nous vivons les choses avec un degré élevé. Assez complexes à gérer si on laisse ces énergies nous submerger, car beaucoup de personnes sont des « éponges » et absorbent les énergies des autres et finissent par ne pas savoir pourquoi ils vont mal.

Ce sujet reste encore tabou. En ayant déjà parlé à des personnes peu ou non éveillées spirituellement, elles trouvent que c'est de la sorcellerie, et ne croient pas que le simple fait que ces choses soient tangibles. C'est compréhensible si vous ne croyez pas à l'invisible, car il ne faut pas s'attendre à comprendre par des preuves concrètes.

Selon chacun, l'invisible nous parle ou ne nous parle pas, c'est une question de ressentis et de croyance.

Les énergies font partie de nous. C'est grâce à elles que nous traversons diverses humeurs et envies. Toutes les rencontres que nous faisons ne sont pas dues au hasard. Chaque rencontre permet d'en apprendre un peu plus sur nous-même et d'évoluer. Les relations où le lien est très solide et fort, sont celles qui vous procurent des énergies fortes. Vous vous êtes senti attiré par la personne car elle dégageait les mêmes fréquences énergétiques que vous.
Il arrive que nous parvenions à communiquer par télépathie, de comprendre l'autre en un regard, et même de dire la même phrase en même temps.

Une phrase qui m'a beaucoup marqué : « On attire ce que l'on reflète ».

Le reflet que l'on donne aux gens est le même reflet qui nous attire chez autrui. Il est d'autant plus vrai quand cette personne nous fait part de son vécu, de ses expériences de vie qui sont bien généralement similaires aux nôtres.
On attire ce que l'on est. Tout est énergie, mettre de l'intention est de l'énergie, un mot contient une énergie…
Il suffit de comprendre que nous sommes des êtres spirituels qui vivent une expérience dans un corps humain. L'objectif de notre existence est avant tout « d'être », et non simplement « de faire ». La vie consiste à être soi-même, à faire des choix qui nous correspondent et à attirer des personnes semblables à nous.

Un jour, je suis allée consulter un ostéopathe, qui est bien plus qu'un simple ostéopathe. Il travaille avec les énergies, débloque les chakras, permet d'acquérir une meilleure circulation vitale. J'ai été surpris des ressentis procurés par ses soins, c'était juste magique. Il a davantage travailler sur mon chakra situé au plexus solaire, car des pollutions y restaient bloquées. La fin de la séance a été forte en émotions car ce qu'il m'a dit, je le savais mais inconsciemment je n'en prenais pas conscience. Le travail sur soi est la clé pour une vie meilleure. La connaissance de soi est une étape primordiale pour s'élever et s'émerveiller. Le chemin est certes très long, mais le processus amène énormément de bienfaits. Se laisser le temps d'analyser notre comportement lors de diverses situations est un exercice qui permet de mieux se comprendre.

En effet, il existe deux manières de réagir à une situation donnée : l'intuition et la réflexion (l'aspect mental). Suivre son intuition est comme écouter sa petite voix intérieure et ne pas laisser nos pensées influer sur nos réactions. Réagir avec son mental se définit comme écouter ses pensées et agir en fonction de ce qu'elles nous disent. Savoir si nous écoutons notre intuition ou bien notre mental, permet de réagir de façon différente. L'intuition est instantanée alors que le mental cogite davantage sur les différentes options à choisir. Pour savoir si vous êtes plus dans le mental ou dans l'intuition au quotidien, demandez vous quelle place laissez vous à vos pensées.

L'être humain est constitué d'énergies. Deux énergies principales nous animent, l'énergie « yin » et « yang ». Vous en avez peut-être déjà entendu parler. Ils ont des impacts dans la vie de tous les jours. Ces énergies font partie de la philosophie orientale qui dit que nous possédons tous, une énergie dite féminine et une énergie dite masculine. Elles sont représentées à parts égales, c'est-à-dire qu'elles sont bien réparties équitablement.

Le yin, l'énergie dite féminine, est propre à l'inactivité, à la lenteur. Le système nerveux parasympathique, le calme et l'introspection. Cette énergie est bien souvent mise de côté à cause du système actuel dans lequel nous vivons.
Néanmoins, il n'est pas impossible de s'y reconnecter. Pour y parvenir, vous vous accordez un temps de pause, acceptez de ne pas toujours tout contrôler, faites les choses sans hâte, repliez-vous sur vous-même afin de mieux vous comprendre et d'avancer.

Quant à l'énergie yang, celle liée à la masculinité. La rapidité, le système nerveux sympathique, l'activité, le mouvement en sont les caractéristiques propres.
Ce sont des forces complémentaires mais opposées.
L'exemple du jour et de la nuit, de la vie et de la mort, du soleil et de la lune…

Ces énergies fusionnent afin de devenir un tout. Le but étant de trouver le parfait équilibre entre les deux. Il ne faut surtout pas en supprimer une pour n'être que dans l'autre. L'équilibration des énergies est la clé.

D'ailleurs, certains rituels permettent de recharger vos énergies. Instinctivement nous pensons au sommeil, mais si notre sommeil n'est pas réparateur, il ne sera pas efficace pour renouveler les énergies corporelles. Après avoir testé de nombreuses choses, j'effectue les rituels qui me conviennent le plus. Essayez de juger s'ils sont bénéfiques pour vous ou non.

Pour débuter, la méditation me parait abordable pour tous, prendre le temps d'écouter sa respiration, son corps, plonger dans une détente physique et morale.

Ensuite, écrire ou dessiner, cet exercice va permettre à votre cerveau de se ressourcer et de recharger vos batteries. Si vous n'aimez pas faire ça, ne le faites pas, l'objectif est de trouver ce qui nous convient.

Le yoga est un type d'exercice qui travaille sur vos blocages énergétiques. Une technique qui allie le corps et l'esprit dans des mouvements agréables et souples. Il permettra à votre corps de faire un reset et libérera les énergies stagnantes qui vous pèsent.

Simplement prenez le temps de vous découvrir, faites ce qui vous attire, découvrez ce qui vous fait vibrer. Même si vous pensez que c'est inutile, faites le !
Ces exercices vont recharger et nourrir votre corps énergétique, vous vous sentirez davantage en forme, le mot « fatigue » ne fera plus partie intégrante de votre vocabulaire.

Comment manisfester et attirer à nous ce que l'on désire ?

L'un des exercices les plus remarquables dans le domaine spirituel est la loi de l'attraction. Ce principe repose sur l'idée que nous attirons nous-mêmes des événements favorables ou défavorables selon nos croyances.

Il va de soi que certains éléments nous sont hors de contrôle. Par contre, nous avons le contrôle sur nos pensées, généralement négligées par la plupart des gens, elles reflètent pourtant notre quotidien.

Notamment, lors de ces journées où tout semble aller mal, dès le premier acte maladroit, nos actions seront influencées par nos pensées (en positif ou négatif).
Par exemple, renverser une tasse, semble être un acte anodin pour certain, alors que pour d'autres ceci marque le début d'une journée ratée.

Tout débute avec nos pensées qui définissent l'énergie qui gravitent autour de nous.
Plus on ressent une gratitude et une grande joie, plus on amplifie les énergies positives au sein notre environnement. Celui-ci ayant un fort impact sur notre vie, on privilégie un environnement bienveillant et où l'on se sent bien.

Il est essentiel d'aborder les trois points clés qui favorisent une meilleure manifestation :

La demande :

Cette première étape consiste à formuler votre demande à l'Univers, que ce soit par écrit ou à l'oral. Rédigez et exprimez-la au présent, comme si l'événement se réalisait déjà. Ressentez la gratitude pour cette réalisation, sans vous limiter, car tout est possible. L'Univers vous guidera sur le bon chemin, quelles que soient les routes prises.

La foi :

La deuxième étape nécessite d'être convaincu que vos désirs peuvent se réaliser. Avoir foi, c'est croire en l'invisible et en ce qui n'est pas rationnel. Même lors de périodes de doutes et d'incertitudes, la foi vous apporte assurance et confiance, vous rappelant que tout est possible.

Recevoir :

Soyez attentif aux opportunités qui se présentent et aux signes qui répondent à votre demande à l'Univers. Car généralement on ne prête pas attention aux signes mais ils sont bien là !

Cet exercice est délicat car il nécessite d'agir avec l'intuition plutôt que de raisonner mentalement. Pour beaucoup, lâcher prise après avoir formulé une demande n'est pas facile. Il est important de laisser le temps faire, d'apaiser ses pensées et de garder foi en ses désirs.

« Lorsque l'on désire vraiment quelque chose, tout l'Univers conspire à nous permettre de le réaliser » Paulo Coelho.

11 Le non- jugement

Pendant de longues années, je me suis souciée du regard des autres, sans même réellement savoir s'ils me critiquaient réellement. Une part de moi pensait qu'il fallait être irréprochable parce que c'est comme ça que l'on se faisait accepter des autres. Cependant, c'est totalement l'inverse, être soi-même est la clé pour attirer les bonnes personnes pour nous. Le naturel revient au galop. Il est impossible de jouer un rôle social pendant une éternité.

Avec mon expérience, j'ai compris que ce n'est pas possible d'aimer tout le monde. Il y aura toujours quelqu'un qui ne vous appréciera pas, avec ou sans raison particulière.
De toute façon, il y aura constamment quelqu'un pour critiquer votre façon de vivre. L'humain, en général, critique ce à quoi il n'a pas l'habitude, ce qui lui fait peur, ou bien même ce à quoi il aimerait secrètement ressembler. Alors, en prenant conscience de ça, le seul conseil que je vous donne c'est, soyez vous-même !
Le jugement que l'on porte, à tort et à travers, provient généralement de nos habitudes. Dès à présent acceptez les différences des uns et des autres, vous êtes tous unique et ça devient votre force. Il m'a fallu de nombreuses années pour enfin intégrer que la critique ne nous est pas véritablement destinée. L'individu qui vous critique est souvent celui qui n'a pas su régler ses propres conflits intérieurs. Par conséquent, il reporte sur vous ses propres blessures et son

insécurité, sous forme de critique. Il souffre et il fait souffrir en retour afin d'oublier son mal-être.

En réalité, les critiques proviennent généralement de nos habitudes de vie, de notre éducation, et d'autres choses de la vie qui nous enferment dans une façon de penser qui nous est propre. C'est en effet logique de penser différemment. Par contre, travailler sur son ouverture d'esprit est capital afin de mieux appréhender autrui.

La capacité au non-jugement demande du temps et de la rigueur. Si vous faites l'expérience de faire constater à quelqu'un qu'il passe son temps à critiquer les autres, vous remarquerez qu'il ne l'acceptera pas.
Inversement, ceux qui ne critiquent pas ont très bien compris que les critiques qu'ils reçoivent ne leur sont pas directement destinées. C'est en vérité le reflet de leurs blessures non guéries.

Au quotidien, nous critiquons les autres ou même nous-même. Sans y prêter attention, se sont devenues des habitudes profondément ancrées. Se déshabituer demande énormément de temps. Actuellement il m'arrive encore de me punir pour avoir critiquer telle ou telle chose, mais il faut comprendre que c'est humain, et que ça demande du temps. Changer un paramètre qui a toujours été ancré en nous demande d'être patient et indulgent. Que ce soit pour la critique envers nous-même ou bien celle envers les autres. Les deux renvoient automatiquement à des blessures liées à notre enfance.

Dès lors où l'on saisit que ceux qui critiquent le plus sont généralement les moins heureux dans leur vie, alors on n'y prête plus attention de la même manière qu'avant. Puis, passer son temps à dire du mal des autres demande de l'énergie que l'on se doit de mettre à profit pour soi et non pour les autres. Dès l'instant, où l'on perçoit les choses sous un nouvel œil, nous évoluons.

Ne pas mettre de sentiment ou d'émotion envers les critiques que l'on peut recevoir est difficile. Si vous êtes convaincu que la personne a raison, en effet vous vous sentirez directement impacté. C'est le cas pour de nombreuses personnes qui prennent immédiatement les choses à cœur. Elles se sentent visées sans même que l'on ait à prononcer leurs prénoms. On se doit de différencier les critiques, et d'apprendre à ne pas les prendre pour soi afin de casser ce cercle vicieux qui nous entrave.
Prenez soin de changer ce comportement, car d'autres pourraient facilement jouer avec ça, et en profiter pour vous manipuler comme il le souhaite. Bien sûr, qu'une parole malveillante nous touchera toujours, mais moins qu'avant si vous réalisez ce cheminement de pensée.

Peu importe, essayez d'avoir une parole impeccable car vous aimeriez avoir la même chose en retour.

Le problème de la société actuelle, c'est la fâcheuse manière de critiquer ce que l'on pense ne pas être la norme. Etre normal pour vous, c'est quoi ?

En réalité, la normalité n'existe pas, chacun la crée à sa manière. Il est important de respecter la vie de chacun. L'être humain est venu sur Terre pour vivre une grande expérience. Pourquoi la gâcher en voulant tous se ressembler ?

Si toute la population se ressemblait, l'ennui et la monotonie s'étendraient sur toute la Terre. L'humain appartient à des groupes de pairs grâce à son unicité et sa différence.

Changer pour intégrer un groupe n'est pas concevable mais évoluer pour soi l'est.

Sur les réseaux sociaux, on trouve des critiques à tout va. L'impression que critiquer devient « normal » que ce soit négatif ou positif. C'est d'ailleurs à cause de ces critiques que les jeunes pensent qu'il est normal de critiquer dans la vraie vie. C'est assez compréhensible, si les critiques sur le web sont acceptées, pourquoi dans la vraie vie nous ne pourrions pas le faire ?

12 Les épreuves de la vie

Les épreuves et les obstacles nous forgent à devenir meilleur et grandir sur notre chemin de vie. Penser que nous sommes seules face aux difficultés de la vie est humain, cependant nous traversons tous des périodes compliquées.
J'ai longtemps cru être seule face à ce sentiment étant petite. Puis, en grandissant j'ai compris que ces évènements ne relèvent pas du hasard, ils me sont destinées afin d'avancer et m'élever encore plus qu'avant.

Nous passons tous par des moments assez sombres. Certes, nos histoires ne sont pas comparables et c'est ce qui en fait la beauté, mais elles ont toutes le même but, nous permettre de grandir. Plus on grandit, plus on ouvre les yeux sur la vie. On saisit davantage les signes et les signaux d'alerte. Les épreuves se transforment en leçons de vie. Le monde est mystérieux et regorge de surprises. C'est semblable à un jeu vidéo. Si vous n'arrivez pas à passer le niveau, la partie se répètera. Vous n'atteignez pas le niveau suivant sans comprendre pourquoi les schémas se répètent inlassablement.

Le jour où vous comprendrez enfin pourquoi l'Univers ou la vie vous a guidé par ici, les évènements ne se répèteront plus car vous aurez assimilé la source du problème.
Derrière chaque problème se cache un apprentissage. Et si vous ne réussissez pas à comprendre, la vie vous remettra le

même schéma sous différentes formes afin que vous en compreniez le sens.

Un jour, j'ai cru ne pas mériter l'amour des autres, que c'était injuste qu'une personne qu'on aime finisse par partir, que nos amitiés aient le risque de se terminer un jour…
En me focalisant sur les aspects négatifs du potentiel futur, je n'appréciais pas le présent à sa juste valeur. Je n'acceptais pas que les personnes qui m'avaient aimée, avaient fait un bout de chemin avec moi et qu'elles avaient laissé leurs traces. Ce n'est pas en se focalisant sur la fin que l'on en comprend le sens. Les gens évoluent, changent et quittent nos vies pour créer la leur. Chaque événement se déroule comme il devait se passer. Essayer d'avoir le contrôle ne fera qu'empirer la situation. Prendre de la hauteur est nécessaire pour par la suite comprendre le sens et parfois se rendre compte qu'il n'y a pas d'explication.

De nombreuses personnes se disent malchanceuses en amour ou en amitié. Ils répètent sans cesse avoir la poisse de tomber sur des gens toxiques ou infidèles. Ils vivent dans une boucle infernale. La source du problème ne vient pas nécessairement des personnes qu'ils rencontrent mais bien d'eux-mêmes. Oui, vous lisez bien, le problème vient de vous, vous attirez ce que vous reflétez. Alors, inutile de vous jeter la pierre, le but est de régler la source du problème.

Pourquoi attirez vous ces personnes si néfastes pour vous-même ?

La cause peut venir de votre passé non réglé, d'un conflit familial, d'une dispute amicale. Vous devez impérativement déceler la source du problème, ne pas fermer les yeux sur les problèmes qui vous arrivent. Bien souvent, l'humain se contente de regarder autour de lui, et jamais d'observer à l'intérieur de lui. Alors que toutes les réponses sont en nous.

Ne jamais minimiser l'expérience des autres. Car, minimiser l'histoire de quelqu'un ne l'aide pas. Tandis qu'être dans une écoute attentive et se mettre à la place de la personne permet de mieux comprendre ses ressentis et ses peurs.

Les comportements humains sont liés à notre construction à l'enfance. Un comportement symbolisé comme déviant, hors de la norme, n'est pas « mauvais ».
Il suffit d'analyser pourquoi la personne a développé ces automatismes de défense et ainsi comprendre son agissement.
Les personnes chez qui le comportement est « anormal » relèvent plutôt d'un manque, d'une peur, d'une faille non réglée. Soyez capable de vous mettre à la place d'autrui. Si on perçoit un comportement négatif, le choix va se diviser en deux :

- soit je viens en aide à cette personne car j'ai les ressources pour le faire (via une communication positive)

- soit je me retire de la situation et je m'éloigne afin de ne pas être impacté (je me protège)

En ce sens, vous apprendrez tout doucement à ne plus regarder uniquement la surface mais à creuser l'intérieur.

J'ai longtemps minimisé ma situation, car mon entourage m'avait conditionnée dans ce système. Le jour où j'ai réalisé la gravité de la chose, mon point de vue a évolué. Je me suis confiée à un regard neutre et extérieur. En écoutant l'histoire, cette personne m'a fait réaliser que la façon dont j'ai dû gérer le problème était remarquable et très courageuse. En effet, pour une petite fille j'avais pris énormément sur les épaules. Je n'avais pas à supporter les problèmes d'adultes.

Ne minimisez pas votre situation en vous disant qu'il y a pire, non demandez vous si vous supportez cela et si ça n'atteint pas votre santé mentale ?

Répondez sincèrement à cette question, mettez-vous en condition. Imaginez vous petite, même si vous ne l'êtes plus à l'heure actuelle, pensez à l'enfant, plein de joie et de positivité que vous étiez. Pensez vous réellement qu'il serait ravi que vous acceptiez d'être traité de la sorte, que vous vous rabaissez, vous vous dénigrez sans cesse. Non, lui n'a jamais souhaité vivre dans ces conditions.

Prendre de la hauteur, analyser la situation permet d'avoir un point de vue plus éclairé.
Souvent, on compare notre situation à d'autres, qui sont généralement pires. Toutefois, passer sa vie à se comparer n'est pas une solution. Chacun a sa manière de vivre, de penser, de rebondir face à la difficulté, alors ne vous comparez pas. L'autre jour, une personne de ma famille qui compte énormément pour moi m'a expliqué que l'on avait tous une manière différente d'appréhender les choses.

Premièrement, car nous vivons des événements différents et que ceux-ci forgent notre propre façon de penser. C'est-à-dire que nous possédons tous une échelle de tolérance, et qu'elle est plus ou moins haute face à notre vécu.
Par exemple, une personne ayant vécu des traumatismes durant l'enfance et ayant intériorisé cela comme normal, va tolérer plus de choses. Au contraire, un individu n'ayant pas eu d'énormes difficultés, va avoir un seuil de tolérance très bas. Par conséquent, celui-ci va dire STOP à des situations plus facilement que d'autres. Bien évidemment, la situation peut s'inverser selon le vécu de chacun.

Certains vivent beaucoup de traumatismes et n'acceptent plus aucune situation désagréable. Inversement, une personne ayant eu peu de soucis peut très bien avoir un seuil de tolérance élevé. Tout dépend aussi de notre personnalité.

« La vie est une succession d'épreuves que l'on surmonte avec plus ou moins de difficultés, mais dont on en ressort toujours plus fort » Adrien Verschaere.

Ces épreuves vont sûrement être rudes et perçues comme insurmontables. Mais gardez en tête que quoiqu'il arrive, si ces épreuves apparaissent, c'est que vous avez la capacité de les surmonter. Peu importe la durée, ça finira par passer et vous en apprendrez beaucoup sur vous.

J'ai parfois voulu fuir et oublier certains moments vécus. Sûrement parce qu'ils étaient très douloureux. En agissant ainsi, je fuyais inlassablement le problème. La vie est telle qu'elle est, il y a des situations incontrôlables. Mais n'abandonnez jamais et ne fuyez pas, car sinon tôt ou tard votre corps vous fera sentir la douleur. La peine et le passé ressurgiront sans vraiment savoir pourquoi. Trouvez vous un moyen d'extérioriser au maximum. Personnellement, je pratique de la force athlétique et ça me permet d'extérioriser ce trop plein qui me ronge au quotidien. Il existe de nombreux moyens afin de lâcher prise sur nos problèmes tels que l'écriture, la peinture, le sport...

Il est difficilement acceptable de se dire que tout aura une fin. Pourtant, c'est la vérité. Chaque jour nous nous levons pour ensuite nous coucher. La vie est une succession de commencements et de fin. Nous tentons sans arrêt de contrôler le cycle de la vie, nous nous trompons. La vie a un pouvoir bien plus grand que le nôtre.

L'exemple du deuil, certains n'acceptent pas, refusent de se mettre à l'évidence que la personne est décédée. Néanmoins, avec du recul, la personne n'est pas vraiment partie, elle est toujours là. C'est seulement son corps qui est parti, car le corps n'est pas éternel. N'oubliez pas que nous sommes constitués de 90% d'énergie et de 10% de matière. Apprendre à lâcher-prise sur toutes situations relève d'un travail sur soi considérable.

13 Amour

Évoquer cette thématique était pour moi une évidence. Éternelle amoureuse de l'amour, je vais vous confier ma vision de l'amour. Que vous soyez déjà tombé amoureux ou non, ça peut vous intéresser et vous en apprendre davantage sur les relations.

Qu'est ce que l'amour ?

Vous savez ce sentiment d'aimer inconditionnellement une personne, à un point où vous en perdez la tête. Vous connaissez ce sentiment ? Il fait mal parfois mais il est extrêmement beau je trouve. Qu'on le choisisse ou non, la plupart du temps, il nous tombe dessus, nous bouscule. L'amour ce n'est pas seulement aimer une seule et même personne, c'est aussi l'amour dans la sphère amicale ou familiale, celui qui se montre à travers un regard, un sourire. Les personnes à qui vous donnerez votre vie, ces personnes qui sont là à chaque moment et qui vous font vous sentir meilleur. C'est le cas pour certaines amitiés qui se transforment en famille. L'amour ne regroupe pas seulement un sentiment, il est plus profond que ça.

Parlons un peu de l'amour, en couple. Ces premières fois où l'on tombe éperdument amoureuse, un mélange de tellement de sentiments qu'on s'y perd parfois. Ce n'est pas grave de se perdre au début, c'est même assez ordinaire. Au début, on ne

connaît pas ce sentiment, il nous bouleverse, nous fait vivre des émotions démesurées et amplifiées.
Les débuts amoureux sont généralement des expériences qui vous forgent pour celles à venir. Elles t'offrent de nombreuses leçons, afin de te connaître davantage. Savoir ce que vous souhaitez en amour et ce qui vous ressemble afin de dénicher votre moitié.

Malheureusement, la vie n'est pas que moments de pur bonheur et harmonie. Des situations douloureuses surviennent alors pour te permettre d'avancer. Certes, parfois c'est un affreux moment, où tout nous laisse croire que le monde s'abat sur nous. Certains pensent bien faire en restant bloqué dans une relation toxique. Alors que le résultat est tel que la personne qui subit cette relation toxique finit souvent par détériorer sa santé mentale.
Vous avez peut-être été cette personne ou connu quelqu'un de votre entourage qui a subi cette situation. Dans ces moments, vous essayez par tous les moyens possibles de la raisonner, cependant rien ne change réellement.
Simplement car les déclics doivent s'opérer pour la personne qui est directement concernée. Il ne sert à rien de forcer quelqu'un à adhérer à un autre point de vue. Tout autant, que forcer quelqu'un amène à des conflits et ne règle en aucun cas le problème de base.

On parle ici de libre arbitre, chacun a le choix, et c'est pour cette raison que se démener à changer un individu est impossible si lui-même ne l'a pas décidé. Vous pouvez aider votre ami en la conseillant et non pas en lui disant ce qu'il doit absolument faire.

Bien évidemment que vivre des déceptions amoureuses ou amicales est une étape compliquée dans la vie. On vit et partage d'incroyables moments avec une personne puis elle disparaît de notre vie du jour au lendemain. Certains ne comprennent pas pourquoi ça leur arrive ou sont persuadés qu'ils sont malchanceux en amour. Quelques fois, il n'y a pas d'explications rationnelles. Je vous l'accorde, c'est atrocement injuste.

Parfois, on se doit d'accepter la situation, la vie fait bien les choses et cette étape est sûrement un palier à surmonter qui vous aidera à l'avenir. Les gens vont et viennent dans notre vie, certains ne sont que de passages et d'autres y restent à durée indéterminée. Les imprévus font la beauté de la vie humaine. Si tout était programmé, la vie serait platonique. Comme pour un film que l'on irait voir au cinéma en sachant déjà la fin.

J'ai eu quelques déceptions dans ma vie, comme tout le monde je présume. Certaines étaient plus fortes que d'autres, mais j'ai toujours appris. Je me répète souvent que si une période triste arrive c'est pour ensuite laisser place à une bien meilleure. Mes ruptures m'ont permis d'en apprendre sur moi-même. Grâce aux rencontres, j'ai pu davantage me connaitre et me comprendre. Même le fait que vous n'ayez jamais eu de relation ou que vous désiriez rester seul en dit beaucoup sur vous-même. Nos échecs ne sont pas forcément des échecs à proprement parler, car grâce à eux, nous ouvrons les yeux sur la vie.

Edith Piaf a dit : « Ceux qui sont dégoutés de l'amour parce qu'ils ont eu des déceptions, c'était pas des vrais amoureux ».

Connaître l'amour est beau, par contre reconnaître en son partenaire un meilleur ami, un amant, un amoureux, un partenaire de vie est considérablement différent.

Personnellement après avoir vécu mon premier amour, je ne m'imaginais pas rencontrer quelqu'un d'autre. L'épreuve fut tellement douloureuse que c'est à ce moment là qu'inconsciemment j'ai appris à savoir qui j'étais et ce que je recherchais en amour.

Après une rupture, essayez d'occuper le temps par des moments rien que pour vous. Se remettre à penser pour soi est primordial si vous vous délaissez à la fin de la relation. Je pars du principe que, de toute manière, si vous êtes fait pour une personne, vos chemins se recroiseront. C'est difficile à croire, mais le temps fait bien les choses.

Le premier pas est d'accepter la situation, et ça vaut pour tout dans la vie.
Accepter une rupture, n'est pas simple mais avec le temps vous y parviendrez. Puis d'autre part, si vous ne l'acceptez pas, vous nourrirez un espoir en vous. Un espoir qui ne fera que vous détruire à petit feu. Bien sûr que les gens méritent une seconde chance, parce que nous sommes humains. Chacun peut commettre des erreurs. Cependant, faites bien la différence entre commettre une erreur et commettre des erreurs irréparables. A vous de fixer vos limites, tout en gardant vos valeurs et vos principes. Si au sein de la relation vous avez tendance à vous perdre et ne plus être vous-même, il se peut que vous laissiez de côté vos valeurs et principes. Et c'est ici que commence la toxicité dans le couple.

Les difficultés dans un couple commencent lorsque qu'il n'y a plus de communication. En effet, sans communiquer, le doute apparaît, les films, les scénarios défilent dans nos pensées. Petit à petit, la confiance se perd et nourrit les doutes. Vous devenez omnibulé par la situation à tel point que vous vous oubliez vous-même. Après avoir connu des moments où mes relations me mettaient en danger du point de vue de ma santé mentale, j'ai vite compris qu'il n'y avait pas lieu de se disputer jusqu'à se déchirer mentalement.

Encore aujourd'hui je travaille sur mon self-control, essayer de communiquer encore plus avant d'en arriver à des points de non retour. Car depuis toute petite j'ai eu ce fâcheux défaut de garder en moi, d'accumuler et puis un jour d'exploser.

Mes parents ont toujours affiché et normalisé la dispute. Dans ma tête de petite fille, je m'imaginais alors que dans tous les foyers, la dispute était présente. Sauf qu'en grandissant, ma vision a évolué, et heureusement que j'ai pris conscience que ce n'était pas à normaliser. Le problème que j'ai développé suite à ça, est de ne pas percevoir la dispute de la même manière que d'autres.

A chacun ses blessures, celle-là me poursuit encore, même si mes parents y sont pour quelque chose j'ai accepté le fait d'avoir eu ce schéma. Aujourd'hui encore j'ai énormément à apprendre sur le couple, la vie à deux. Ce n'est pas pour autant que je me démotive à me dire que je gâche tout en amour avec mes traumatismes passés. Au contraire, on en apprend chaque jour. L'objectif est d'évoluer avec la personne aimée, qu'elle comprenne pourquoi nous agissons comme nous agissons. Accepter que l'autre n'est pas parfait comme on l'aimerait, et comprendre pourquoi il agit d'une certaine manière et pas d'une autre.

L'amour est, pour moi, une beauté à laquelle les gens ne prêtent plus attention, enfin, plus de la même manière qu'avant.

Notre chakra du cœur situé au centre de la poitrine, reflète l'énergie du cœur. Ce chakra est le reflet de l'équilibre, de la compassion, de l'acceptation de soi et des relations saines. S'il est parfaitement équilibré, l'expression de vos sentiments se fait en toute facilité et vous accueillez ceux des autres avec bienveillance.
Il vibre en quelque sorte « les bonnes énergies ».

Néanmoins, il est probable que votre chakra soit déséquilibré, c'est-à-dire sous-actif ou sur-actif.
S'il est sous-actif, comme certains qui ne croient plus en l'amour, l'énergie circulera difficilement, ce qui peut engendrer une mauvaise estime de soi, un sentiment de rejet, de ne pas mériter d'être aimé. Automatiquement, vous rejetez l'amour que l'on vous porte en prétendant ne pas en disposer y avoir droit. Ce sont les « cœurs de pierre ».

A l'opposé s'il est sur-actif, c'est-à-dire vous donnez sûrement trop d'amour, de compassion et votre empathie tourne à l'hypersensibilité, ce qui aura tendance à vous épuiser psychologiquement et physiquement. Le chakra déséquilibré épuisera votre énergie, en la sacrifiant pour les autres il ne vous en restera que très peu.

L'acceptation dans son entièreté se fait au niveau de ce chakra, il veille à l'harmonie et l'équilibre du corps et de l'esprit. Étant le chakra qui relie le bas du corps et le haut du corps, il devient un centre énergétique puissant et nécessaire à travailler.

Afin d'ouvrir votre chakra du cœur, vous pouvez répéter une liste d'affirmations positives, dans le but d'améliorer l'amour de soi. La méditation et les exercices de yoga facilitent également la circulation des flux énergétiques.

Certaines poses comme celles du Sphinx ou du chameau. Des pierres et des cristaux aident aussi à libérer l'énergie du cœur qui se bloque généralement après un évènement douloureux. Les pierres telles que l'Amazonite, le Quartz rose, le Jade et bien d'autres renforcent le bien-être et la libre circulation des énergies de l'amour.

14 Les relations

Continuellement, les humains sont amenés à avoir des relations entre eux. Tout comme les animaux ou autres êtres vivants. Quelque soit les relations sociales qu'on entretient avec les autres, on en ressort toujours grandi. Certains événements nous amènent à penser que telle ou telle personne n'aurait pas dû rentrer dans notre vie, car elle y a laissé des séquelles, des mauvais souvenirs...

Sauf qu'il n'y a pas de mauvaises rencontres ou de mauvais choix, juste des apprentissages. Bien sûr que certaines situations sont plus dures à vivre que d'autres, mais elles n'en restent pas moins intéressantes. C'est-à-dire que chaque personne entre dans notre vie au bon timing, afin de nous laisser un message. Il suffit de voir la vie comme un jeu, l'apprentissage au sein de votre environnement, les relations aux autres...

La vie vous confronte à des situations, ou des personnes afin que vous vous connaissiez davantage, dans le but de savoir réellement ce que vous souhaitez attirer. Souvent, vous ne comprenez pas le sens car vous dites que c'est injuste, néanmoins il y a un sens à tout ça, laissez vous du temps. Prenez le recul nécessaire sur la situation. Profitez des moments de vie, apprenez à vous connaître davantage. N'oubliez jamais que la première relation que vous devez avoir c'est avec vous-même ! On passe sa vie avec soi-même, faites en sorte d'être votre meilleur ami. Si vous cherchez quelqu'un pour qu'il vous apporte de l'amour alors que vous ne vous apportez pas d'amour, c'est peine perdu, vous allez plonger la tête la première dans la dépendance affective.

J'ai longtemps été cette personne, celle qui recherchait l'amour de quelqu'un un peu partout où elle pouvait en trouver. C'est malheureux à dire, mais dans la plupart des cas, j'ai été déçue. Non pas déçue par la personne en elle-même, mais je ne comprenais pas pourquoi la personne n'arrivait pas à me donner l'amour que je demandais. Était-ce trop demander ? Trop pour quelqu'un de me donner ce dont j'avais besoin. J'ai réalisé après coup que je tombais éperdument dans une dépendance envers quelqu'un.

Mon premier amour, cette personne à qui je me donnais corps et âme, ne me rendais pas la même chose. Pourquoi ? J'en venais à me poser la question: suis-je faite pour être aimée. Bien trop jeune pour avoir ces pensées là, je me torturais l'esprit afin de résoudre ce problème, qui venait en réalité de moi-même. J'étais moi-même la cause de toutes mes souffrances. Sauf que si jeune pour m'en apercevoir, j'enchaînais les relations en recherchant le moindre signe d'amour que l'on m'offrait. A chaque fois, j'avais l'impression que la personne était la bonne, qu'elle comblerait ce vide d'amour en moi, qu'elle réussirait à m'aimer entièrement.

La dépendance affective ne m'affecte plus comme avant même s'il reste des moments où je remets en doute tout de la relation pour un simple incident. Ce sentiment n'est pas agréable et je ne le souhaite à personne. C'est pourquoi j'essaye par ce chapitre de vous faire passer un message. Aimez-vous, prenez le temps de vous découvrir, de savoir qui vous êtes et ensuite vous attirerez à vous des personnes qui vous ressemblent. Il n'est pas nécessaire de collectionner les relations afin de vaincre sa solitude, car c'est grâce à la solitude que vous apprendrez à vous aimer pleinement.

Travailler sur soi relève de la pratique et du temps. Apprendre à s'aimer aussi. Certes, parvenir à apprécier la solitude n'est pas une habitude simple à mettre en place, pourtant se donner des rendez-vous à soi-même est nécessaire. Comme se balader dans un parc, boire un café, prendre soin de sa peau...

La plus grande leçon que j'ai apprise concernant les relations aux autres est, de laisser la vie œuvrer pour nous. Si une personne n'est pas destinée à rester dans votre vie, elle n'y restera pas. Il y a des rencontres qui nous permettent d'évoluer sur notre chemin de vie, et sont parfois éphémères. Si une personne reste pour la vie, elle est là pour vous montrer vos parts sombres et vos parts de lumière et ça, tout au long de votre vie.

Par ailleurs, j'ai compris qu'un couple, c'est deux personnes bien distinctes, avec une vie bien distincte également. C'est à dire qu'il n'est pas nécessaire de former un tout avec votre partenaire, c'est normal d'avoir des différences, des traits de caractère que vous n'appréciez pas. Car vous êtes deux personnes qui vivent sur cette Terre pour accomplir des choses bien différentes. La seule chose qui vous rassemble est l'amour que vous éprouvez l'un pour l'autre.
Dans mes relations, j'aime passer des moments de qualité. Chaque instant passé avec l'autre se doit d'être unique, passionnel et fusionnel.

Cependant, j'ai remarqué que nous sommes tous différents en amour. Nous agissons différemment et c'est parfaitement ok, alors n'imposons rien à l'autre.
Si l'un désire faire quelque chose que l'autre ne veut pas, essayez d'en discuter et de trouver certains compromis pour satisfaire les deux.

Par exemple, mon voyage solo est une envie qui est venu de moi-même, c'était un désir profond que j'avais à 20 ans et pour autant mes proches ne m'ont pas comprise lorsque je leur expliquais mon souhait de partir seule.
Ils n'ont pas compris pourquoi mon ex-copain ne m'accompagnait pas. Je leur ai répondu qu'il n'avait pas le temps car il travaillait mais au delà de ça, nous savons nous laisser du temps car nous avons très vite compris que nous en avions besoin mutuellement.

Ce petit voyage à contribuer à recharger mes énergies, à pratiquer des activités qui ne plaisent qu'à moi. En couple, je n'aurais pas nécessairement fait ce que j'ai pu faire seule. Ce voyage m'a réconcilié avec la personne que je suis réellement et je sais à présent ce qui me fait vibrer, j'ai compris que le temps mis à profit pour moi est vital. C'est dans ces moments de bien-être qu'on apprend à se connaître davantage.
Je vous conseille de partir quelques jours, même un week-end peut vous donner l'occasion de reprendre confiance en vous. Car partir seul demande de voyager avec soi et par conséquent vous êtes obligé de vous faire confiance. Chaque choix, chaque activité que vous choisirez seront le résultat de vos propres envies.
Faire un pas est un accomplissement, félicitez vous pour les petites réalisations quotidiennes !

15 Le mental

Depuis tout petit, nous sommes conditionnés par nos parents, notre entourage et notre famille, sur ce qui est correct ou non. La société actuelle nous influence, nous dirige sans que nous en rendions compte. Nous interagissons avec notre mental, celui-ci étant bien généralement sous tension et sur-activé. Toutefois, lui laisser une grande place est une erreur.
Par le passé, les gens étaient plus dans le contact, la bienveillance alors qu'aujourd'hui tout doit aller vite et les gens ne prennent même plus le temps de discuter.
Dans cette façon de vivre à mille à l'heure, l'humain s'est perdu et a développé de nombreux mal-être. Très peu de personnes, par exemple, connaissent les effets du travail sur la santé mentale, l'impact du surmenage ou bien d'autres formes de troubles chroniques qui s'installent petit à petit. Avant, tout était plus lent certes, mais les gens étaient moins stressés, moins angoissés…
Ils préféraient les choses naturelles et non artificielles. Ce changement a créé des dégâts au sein de la société. Tout doucement quelques personnes reviennent au naturel. Car elles ont compris l'importance qu'avait la nature, l'écoute de soi, la bienveillance…

Dans la prise de décision, nous sommes souvent confrontés à un dilemme entre suivre notre mental ou écouter notre cœur, une situation qui peut être influencée par les opinions de notre entourage.

Nous distinguons deux types de raisonnement, celui du mental et celui du cœur.

Prenons l'exemple d'une personne lambda qui souhaite faire des études courtes car elle n'aime pas le travail scolaire. Si l'entourage de cette personne lui met une étiquette d'incapable, inconsciemment elle va sûrement culpabiliser de ses choix alors qu'elle suit son intuition et son cœur. Ceux qui nous entourent nous influencent si nous les écoutons.
Si la personne est convaincue qu'en écoutant son intuition, elle va suivre un chemin plus approprié pour elle, alors celle-ci foncera. Elle ne sera pas influencée par autrui car elle ne se souciera pas de son avis. Prêtez attention à qui vous écoutez.
Les gens rejettent souvent sur nous leurs peurs et insécurités sans en prendre conscience, car ils pensent que leurs croyances sont justes. Alors que chacun à ses croyances distinctes, ses limites, ses peurs et insécurités. Contredire une personne dans le but de l'aider est bienveillant, pourtant il faudrait attendre et y réfléchir. Car imposer sa pensée, son avis peut avoir un impact considérable sur la vie d'un humain, surtout si celui-ci ne va pas bien.

Prêter attention à ce qui se dit, et ainsi agir consciemment en ayant une parole impeccable. C'est-à-dire, essayer de préserver une parole bienveillante et neutre qui ne revient pas sur nos histoires et notre passé.
Ainsi, il vaut mieux s'intéresser à la personne et se mettre à sa place. Cela est plus convenable pour commencer. Ne pas simplement projeter notre point de vue, mais prendre en

compte tous ces paramètres afin de ne pas communiquer inutilement nos peurs à l'autre.

Bien généralement, notre entourage pense agir pour notre bien, sans prendre conscience qu'il projette ses peurs. Je ne dis pas qu'il s'agit seulement de s'écouter sans entendre les autres. Juste, prendre de la hauteur sur ce que vous entendez, les avis, les conseils...
Je suis moi-même une personne qui demande l'approbation des autres, qui n'arrive pas à effectuer un choix. Le seul choix juste se trouve en vous, votre intuition vous le dictera instinctivement si vous prenez le temps de vous écouter. Apprendre à juger par vous-même, pour vous-même, montre que vous avez la confiance nécessaire afin de décider de ce qui est bon ou mauvais.

Je peux concevoir que juger par soi-même sans avoir le réflexe de demander à l'autre n'est pas simple. Par contre, avec de la patience et du travail, vous remarquerez que opter pour ce petit changement vous fera un grand bien et vous sentirez une sorte d'indépendance qui grandit en vous !

Généralement, nos parents représentent nos exemples, mais c'est en aucun cas une raison pour appliquer à la lettre ce qu'ils nous disent.
Si j'avais écouté mes parents, je ne serais jamais en train d'écrire ce livre, jamais je ne me serais mis à fond à la salle. Vous voyez, les choses dont vous rêvez sont concrétisables. Il faut juste y mettre de la volonté et de la discipline.

« On n'a pas la vie qu'on a mais la vie qu'on est »

L'exemple du Dalaï-Lama est le suivant : je vois quelqu'un tomber, j'accourt pour l'aider mais une personne ayant observé la scène arrive avant moi et l'aide. Suis-je heureuse de cette assistance donnée par l'autre ? Suis-je déçue de ne pas l'avoir aidé moi-même ? Si la réponse à la deuxième question est positive, c'est mon ego qui est en scène. J'aurai simplement à continuer à travailler intérieurement, tout en ne me jugeant pas trop durement.

Dans un premier temps, réalisez que l'égo est seulement dans votre tête et qu'il n'est pas réel, il prévient d'un danger car il se sent menacé. L'égo est donc le fondement de votre personnalité, mais aussi un facteur de souffrance et de limitation de votre épanouissement personnel. C'est la notion d'estime de soi.
L'égo peut être démesuré; soit en pensant que l'on est « exceptionnel » soit en pensant être « idiot ». C'est la perception que l'on a de soi-même en fonction des expériences vécues et du regard de la société. De nombreux facteurs influent sur notre égo, et généralement pas en notre faveur.

Il s'agirait de rassurer notre égo sur le potentiel danger à venir, lui expliquer qu'il n'a rien à craindre. En effet, c'est en quelque sorte se parler à soi-même, mais il n'a rien d'anormal à le faire. Les athlètes de haut niveau le font lors de compétitions afin de se mettre en confiance, alors pourquoi pas vous ?
Pensez à le rassurer comme si c'était votre petite sœur ou votre petit frère, il doit se sentir en sécurité. Plus vous adopterez ce comportement, moins il fera apparition dans votre quotidien.

Prouvez vous que sortir de votre zone de confort n'est pas source de danger mortel. Ainsi, vous développerez une meilleure conscience de vous-même et apprendrez à mieux vous écouter et à faire taire vos peurs infondées.

Le sport est l'un des meilleurs moyens pour développer un mental solide. Il faut discipline et courage pour suivre un programme et une intensité spécifiques. Si vous y parvenez, vous pourrez appliquer cette détermination à d'autres aspects de votre vie.

On ne comprend pas généralement comment des personnes ont cette envie de persister dans le sport alors qu'il nous fait parfois terriblement souffrir. Puis on comprend par la suite qu'elles ont leurs moteurs, la raison pour laquelle elles font ça chaque jour. Trouvez votre objectif à long terme et vous verrez qu'au-delà des résultats physiques associés à la pratique du sport, vous obtiendrez des résultats sur le plan mental.

Évidemment, certains jours seront plus compliqués que d'autres. J'ai moi-même été confrontée à ces jours où tu n'as qu'une envie : TOUT arrêter.
Puis, je me suis rappelé du pourquoi (why). Le why doit être clair dans votre tête, une chose bien précise qui vous pousse à continuer.
Le mien est de pouvoir rendre fière la petite fille que j'étais et que je serais toujours au fond de moi. Une partie de moi recherche sans cesse la paix intérieure et j'ai découvert que la salle de sport est l'endroit où je trouve cette sérénité.

16 Les blocages du passé

Le passé d'une personne influence grandement son comportement présent. C'est pourquoi j'ai décidé d'aborder les blocages du passé. Afin de vous faire prendre conscience qu'ils jouent un rôle fondamental dans notre vie sans qu'on le sache.

Mon passé, je ne le renie pas, je le partage avec des gens en qui j'ai confiance. Il m'a permis d'être qui je suis, dans ce cas je le remercie. Il m'a appris que quoiqu'il en soit il faut se battre, qu'on a le droit de rêver, d'être aimé.

Ayant vécu des traumatismes qui ont mis la vie de ma mère en danger, j'ai toujours pris la place du « sauveur », de la fille qui contrôle tout, et qui essaye de résoudre les problèmes de tout le monde.

Je me complais dans la perfection, tout se doit d'être ordonné et millimétré. Le souci c'est qu'être parfait est subjectif et qu'il est impossible de contrôler toutes les sphères de sa vie. J'apprends aujourd'hui à lâcher prise sur les choses irréalisables, j'ai compris qu'il n'était pas nécessaire de sauver tout le monde. Il faut se sauver d'abord. C'est un peu comme donner des conseils sportifs à quelqu'un sans pratiquer soi-même régulièrement..

A présent, j'essaye d'être une écoute attentive, au lieu de proposer des solutions aux gens. Car, bien souvent, on a envie d'être écouté et non conseillé.

La personne ne cherche sûrement pas de réponse mais demande de l'attention et de l'écoute. Et puis, lorsqu'on répond instinctivement, on ramène tout à nous, à notre vécu. Malgré notre envie de bien faire, nous faisons mal.
L'une des meilleures attitudes : écouter la personne, réfléchir et se mettre à sa place, et par la suite si elle demande votre avis, conseil, vous pouvez lui en donner un !

Personnellement, c'est pour cette raison que, durant mon enfance, j'avais du mal à me confier et à exprimer mes problèmes. Les gens parlent trop. Ils sont sûrs d'eux avant même que vous ayez fini de parler. Si vous vous reconnaissez dans ce que je dis, c'est normal, l'important est d'en prendre pleinement conscience pour commencer à changer les choses. Certains proches ne sont plus les confidents que j'avais, non pas par manque de confiance, mais parce qu'ils tiennent absolument à me dire quoi faire et quoi penser. Bien sûr, chacun est libre de penser ce qu'il veut, mais votre vie vous appartient, alors faites vos propres choix. Désormais, les autres ne vous diront plus quoi faire, car ils comprendront que vous êtes pleinement conscient de votre libre arbitre et que vous le revendiquez.

Je me souviens que toute petite j'étais timide et renfermée. Le souci c'est que je l'intériorisais comme mon trait de caractère, du fait qu'on me le répétait sans arrêt.
Aujourd'hui, j'ai pris pleinement conscience que ce n'était pas un trait de caractère survenu à ma naissance mais une intériorisation que mon corps et mon cerveau ont assimilé à cause de mon entourage. Personne n'est de nature timide ou renfermé, ce sont les épreuves de la vie qui nous conditionnent à nous enfermer dedans.

Pour ma part, c'était une sorte de protection, une coquille dans laquelle je me sentais bien. A vrai dire, je n'aimais pas que l'on porte de l'attention sur moi. Je rougissais et les autres me le faisaient remarquer. J'avais les mains moites en passant au tableau, et perdais tous mes moyens. Tandis que maintenant, les choses se passent beaucoup mieux en public, car j'ai appris à m'enlever ces croyances inculquées depuis toute petite. La salle de sport m'a aussi bien aidé à ce niveau-là. J'ai compris que nous étions tous un peu similaires et qu'il n'y avait pas lieu d'avoir peur du regard des gens.

Votre passé ne doit pas influer sur la personne que vous êtes aujourd'hui ni même celle que vous serez demain. Il est vrai que les leçons du passé sont importantes afin de ne pas revivre l'évènement encore et encore. Par contre, les erreurs ne doivent pas vous suivre toute votre vie, votre passé est achevé et ce qu'il reste à accomplir se trouve dans le présent et le futur. Ce n'est pas parce que vous échouez à faire un gâteau que vous ne réussirez jamais à le réussir. Ceci est également applicable pour votre vie relationnelle, professionnelle ou autre. Le passé ne conditionne pas l'être humain qu'on devient. Nombreux d'entre nous ont vécu certainement des traumatismes, des problèmes assez pesant dans leur vie, ce n'est pas pour autant qu'ils vont en revivre. Tirez les leçons qu'il faut, car il y en a toujours et puis avancez. Ne regardez pas trop en arrière sinon vous risquez de reculer à l'infini.

C'est assez facile à comprendre avec l'exemple de la voiture. Lorsque vous conduisez, vous regardez devant vous pour avancer et éviter de percuter un obstacle, n'est-ce pas ? De la même manière, si vous voulez progresser dans la vie, il est essentiel de ne pas constamment regarder en arrière, sinon vous risquez un « accident ». Cet accident, métaphoriquement parlant, symbolise votre vie et peut prendre la forme de problèmes graves, comme une maladie chronique ou un cancer. Je ne souhaite cela à personne, mais il est important d'en être conscient, car les conséquences peuvent être conséquentes.

Comment se réconcilier avec son passé ?

Faites de votre passé une force pour avancer. Travaillez sur votre capacité à raconter votre histoire, à la dire à voix haute, à être fière du chemin parcouru. Entreprenez des changements pour ne plus être mal face à votre passé. Réussir à en parler et même à en rire, ce n'est pas si simple mais vous verrez qu'avec une reconnexion à soi on arrive à de belles choses.
Je dis toujours, qui ne tente rien n'a rien, phrase légèrement ancienne mais très réaliste tout de même.

Les pensées ont en a toutes et tous, mais savez-vous le pourcentage de leurs répartitions dans le temps ?

On dit généralement que dans le cerveau d'une personne lambda (quelqu'un qui ne médite pas par exemple), les pensées sont à 70% dans le passé, 25% dans le futur et 5% dans le présent.

Il est assez troublant de constater que nous passons notre vie à nous préoccuper de choses qui, en réalité, n'existent pas. Le passé n'est qu'un souvenir, et le futur une illusion.

L'une de mes citations préférées est celle de Lao Tseu : « Si tu veux être triste, vis dans le passé. Si tu veux être anxieux, vis dans le futur. Si tu veux être en paix, vis dans le présent ».

Vous avez déjà fait le constat de qui vous étiez l'année passée, et de tous les changements qui se sont produits. Alors ne vous bloquez pas dans des croyances que l'on vous a inculquées depuis votre plus jeune enfance. Nous changeons à tout moment. L'humain et la vie sont en perpétuel mouvement, les changements s'opèrent à chaque seconde de l'existence humaine. Naturellement, nous n'en prenons conscience que bien après, car notre cerveau réagit et assimile l'information après qu'elle se soit produite. Si vous pensez être en train de stagner dans votre vie, détrompez vous, la vie amène à vous tout ce dont vous avez besoin, à vous de saisir les opportunités et de cultiver la patience.

La vie met sur votre chemin ce que vous saurez surmonter, alors ne dites jamais que c'est la fin du monde lorsqu'un problème survient.

« Le problème à l'importance qu'on lui donne ».

C'est bien vrai ! Si vous portez de l'importance à quelque chose, celle-ci prendra de l'ampleur dans votre vie. J'ai longuement pensé qu'une erreur était fatale, qu'il fallait que tout soit parfait, qu'il fallait rentrer dans le moule de la société. Malheureusement, là était l'erreur de penser ainsi ! Les épreuves vous font avancer, grandir et progresser. A l'école, on nous a parfois puni, rabaissé et dit qu'on pouvait faire davantage. Qui n'a jamais eu « très bien mais à les capacités pour faire mieux » ?

Comment ça, « peut faire mieux » , comment les enseignants peuvent améliorer nos capacités, sans connaître les autres paramètres que ceux de l'école.
Le but reste d'apprendre. Ça ne serait pas intéressant si tout le monde savait tout sur tout. Échouer pour ensuite rebondir de son échec est un apprentissage enrichissant, en cherchant à comprendre où nous avons échoué.

Dans mon enfance, j'étais la petite fille parfaite : je ramenais de bonnes notes, mes devoirs étaient toujours faits, et mon sac toujours prêt. Mon frère, en revanche, était tout l'inverse. Il n'aimait pas l'école et ne voyait pas l'intérêt d'apprendre des matières qui ne l'intéressaient pas. Ma mère disait souvent que nous étions « le jour et la nuit ».

Mon frère se faisait souvent réprimander pour ses mauvais résultats. Avec le recul, j'ai réalisé que la petite fille que j'étais ne voulait surtout pas lui ressembler, et faisait tout pour éviter l'échec. Je soignais mon travail pour ne pas commettre d'erreurs qui pourraient provoquer des conflits. Le problème, c'est que cela a engendré un perfectionnisme excessif chez moi. Aujourd'hui, dès que je fais quelque chose, je me torture si ce n'est pas parfait. Je pense que nous sommes nombreux à avoir ce défaut, et pourtant, il nous complique énormément la vie.

Le blocage émotionnel est un phénomène que beaucoup d'entre nous rencontrent à un moment ou un autre de leur vie. Il survient souvent à la suite d'événements marquants ou douloureux. Nous pouvons parfois nous sentir incapables d'avancer, de comprendre ou d'exprimer pleinement nos émotions. Cela peut être déstabilisant, mais il est important de comprendre les origines de ce mécanisme.

Un blocage émotionnel survient lors d'un choc, un traumatisme soudain qui met le corps en alerte. Le danger semble imminent, et nos mécanismes de défense se déclenchent automatiquement pour nous protéger, afin d'éviter de revivre une situation similaire à l'avenir.

En psychologie, on utilise certaines techniques afin de dépasser ses blocages qui sont en réalité des peurs qui nous bloquent pour avancer sereinement dans la vie. Lorsque l'impact émotionnel est ancré dans notre mémoire émotionnelle, il est difficile de le retirer. Mais ce n'est pas impossible.
Des techniques de libération émotionnelle tel que l'EFT (Emotional Freedom Technique) aide la personne impactée à se reconnecter à ses émotions et ainsi les libérer par des approches psychocorporelles. La méthode consiste à tapoter sur des points d'acupuncture, tout en se concentrant sur le problème émotionnel à libérer.

Des personnes ayant vécu des traumatismes dans l'enfance sont amenées à se tourner vers ce type de méthodes. Le but étant de faciliter leur bien-être physique et mental qui peut parfois être endommagé par le passé.

Ce type d'exercice est utilisé pour des cas sévères de traumatismes tout comme dans la vie quotidienne d'une personne lambda. Ainsi, l'individu parvient, par la pratique, a une meilleure gestion du stress et de l'anxiété.
Néanmoins, il n'y a pas d'études scientifiques qui affirment que la pratique permet une amélioration significative de l'état de santé.

Cependant, l'EFT reste une approche complémentaire intéressante et simple d'accessibilité, pour les jeunes comme les adultes.

17 La pensée créative

Nous sommes tous censés être créatifs. C'est l'une des qualités humaines qui nous composent. Elle se manifeste sous différentes formes : artistiques, intellectuelles, sociales...

La pensée créative fait référence à quelque chose de plus grand. Elle peut être définie comme la capacité d'emprunter des chemins alternatifs à un niveau cognitif. Mettre en place la pensée créative permet d'augmenter la pensée latérale ou divergente, c'est-à-dire d'abandonner les idées préconçues. Cette pensée est authentique, originale et innovatrice afin d'affronter les défis et sortir de la routine.

La pensée est présente en chaque être humain, et c'est ce qui nous rend uniques. Chaque jour, nous avons entre 60 000 et 70 000 pensées, souvent sans en avoir conscience. Même pendant notre sommeil, notre cerveau continue de fonctionner, générant des pensées sans que nous y prêtions attention.

Cependant, les individus ne se contentent pas de laisser ces pensées passer ; ils les transforment en réalité. En d'autres termes, ils projettent leurs pensées dans le monde physique, ce qui peut parfois provoquer des difficultés. Prenons l'exemple d'une personne qui répète constamment qu'elle va tomber malade : son cerveau finit par le croire et met en place tous les mécanismes nécessaires pour concrétiser cette idée.

Notre corps reflète notre âme, exprimant notre état intérieur. Autrement dit, nous sommes les créateurs de nos vies et donc responsables de ce qui s'y passe. Nos comportements sont le fruit de nos croyances, et notre perception de la vie découle directement de celles-ci. Pourtant, beaucoup reconnaissent ne pas avoir de contrôle sur leurs pensées ou leurs croyances, qui ne sont souvent que des croyances limitantes. Il est possible de comprendre notre esprit et de l'ajuster de manière à ce que ça soit positif et bénéfique pour nous.

Peu importe les obstacles rencontrés dans la vie, nous avons le pouvoir de les surmonter et de transformer notre quotidien. Bien que cela puisse sembler difficile, rien n'est impossible. Pour initier des changements significatifs, il est essentiel de travailler sur soi. Cela implique de se défaire de certains comportements nuisibles et d'en adopter de nouveaux, tout en attirant ce que l'on désire à travers la pensée positive et la visualisation créatrice.

La méditation, technique ancestrale transmise au fil des générations, peut aussi être un outil précieux. Elle permet de se reconnecter à soi-même et d'améliorer sa santé mentale, favorisant ainsi une vie plus apaisée et en harmonie avec soi. En cultivant un discours intérieur bienveillant, envers vous-même et les autres, vous attirez des énergies positives. Cela crée un cercle vertueux : plus vous agissez avec bienveillance, plus vous en récolterez les fruits.

Par exemple, une personne qui agit avec générosité et bienveillance, sans rien attendre en retour, verra son karma se tourner naturellement vers le positif. En offrant son aide de manière désintéressée et sincère, c'est souvent à ce moment-là que l'on reçoit le plus en retour.

Dans la religion, les coutumes reviennent à prier, célébrer, demander. Le fait de prier avec une intention pure et positive envers ce à quoi nous croyons permet de créer une possible réalisation dans la matière. Nous imaginons la prière exaucée avant que la demande soit faite. En ce sens, créer mentalement une image positive générera une pensée, qui engendre une émotion, suivie d'un sentiment, pour terminer sur l'énergie. Tout commence par la pensée, tout fini par la création dans la matière grâce à l'énergie circulante.
L'énergie est partout, tout est fait d'énergie, chaque être émet des ondes à plus ou moins hautes vibrations. Le travail vient de nous-même. En ayant de hautes vibrations, notre positivité et compréhension du monde est plus affinée. Ceux qui s'intéressent à la spiritualité voient leur éveil spirituel grandir et constatent un travail sur eux-mêmes qui porte ses fruits. C'est ainsi qu'ils augmentent progressivement leurs énergies. Par conséquent, ces personnes manifestent davantage naturellement car leur esprit est en parfaite harmonie avec leur corps. La conscience se développe, et l'on apprend à mieux se connaître. On nomme ceci, l'éveil spirituel. Prendre conscience qu'il existe une étroite connexion avec tout ce qui nous entoure, la terre et le ciel. Le niveau de conscience s'élève lorsqu'on comprend que tout est source d'énergie et le reste n'est qu'une création de nos pensées.

L'éveil spirituel est un travail intérieur, un déclic qui se déclenche au fur et à mesure. S'intéresser aux aspects de la vie, la pleine conscience, la perception de soi et du monde. Nos croyances changent durant cet éveil, nous prenons conscience que nos croyances d'avant ne sont pas forcément une vérité. C'est à dire, si vous pensez qu'avant vos problèmes étaient la faute à pas de chance et que vous mettiez tout sur le dos des autres, l'éveil spirituel vous fait prendre conscience que vous êtes l'unique responsable de ce qui se passe dans votre vie. C'est en quelque sorte voir la vie d'un nouvel œil, plus affiné, plus profond.

L'éveil c'est également comprendre que la vie est un jeu dans lequel nous bougeons les pions, nous choisissons d'en être le gagnant ou le perdant. Un jeu où nous évoluons tous et toutes. Apprendre à développer son intuition afin d'effectuer les meilleurs choix. Ne pas avoir peur de changer le courant de sa vie, aller au-delà de ce que l'on pense être capable de faire. Les bons comme les mauvais changements, car c'est en eux que l'on trouve la force et la détermination de continuer ou d'entamer un nouveau chapitre.

La pensée créative se développe lors d'exercices créatifs tels que l'écriture, le dessin, l'art et également notre côté enfantin. Laissez libre court à votre imagination. Votre cerveau sait beaucoup de choses, il suffit de les mettre en pratique.

Je conclus ce chapitre avec l'une de mes citations préférées, tirée d'une série : « Parfois, la vie consiste à prendre les citrons les plus amers et à en faire quelque chose qui ressemble à de la limonade ».

Cela signifie que toutes les expériences de la vie ne sont pas toujours faciles ni joyeuses. Pourtant, nous avons la capacité de changer les choses, de chercher la lumière même dans les moments les plus sombres. Même lorsque les événements semblent mal partis, nous avons le pouvoir de les transformer à notre manière.

Ce sont souvent les histoires les plus complexes qui nous en apprennent le plus.

18 La pleine confiance

C'est assez récemment que j'ai entendu ce terme « La pleine confiance ».
Grâce à la méditation notamment, cet état de pleine conscience qui amène vers l'état de pleine confiance.

La confiance en soi est comme un muscle que l'on travaille quotidiennement. Lorsqu'elle est négligée, elle peut entraîner des sentiments d'insécurité. Imaginez un muscle qui, grâce à l'exercice, se développe et gagne en volume. La confiance en soi fonctionne de la même manière : avec répétition et persévérance, elle se renforce. Bien qu'elle subisse des évolutions et change d'apparence avec le temps, elle demeure unique, car nous restons fondamentalement nous-mêmes. Le muscle, plus fort et plus beau qu'auparavant, illustre ce processus, tout comme la confiance en soi qui se construit et s'améliore, tandis que notre essence profonde reste inchangée.

« Je ne suis pas la même chaque jour, mais je reste toujours moi-même ».

Retenez bien ceci :
À tout moment de votre vie, vous avez la possibilité d'évoluer et d'accroître votre confiance en vous. Les facultés nous les possédons, dès à présent. Notre devoir est de travailler sur certains aspects de nous-même. Vous possédez toutes les cartes en main. Quel que soit votre chemin de vie, aucun de

nous n'est figé, tout le monde à les capacités de faire bouger les choses à sa manière.

Vaincre sa timidité, c'est réaliser que nous ne naissons pas avec un « gène » de la timidité. En réalité, la timidité est une réaction apprise, souvent liée à des peurs et des appréhensions. Être timide signifie avoir peur de l'inconnu, être craintif face au jugement des autres, ou encore ressentir de l'anxiété dans certaines situations sociales. Cela se manifeste par un corps tendu, une difficulté à s'exprimer, et une tendance à se replier sur soi.

Cependant, ces réactions ne sont pas immuables. Elles sont le fruit de nos expériences et croyances, et peuvent être transformées avec de la pratique. En travaillant sur ces peurs et en s'exposant progressivement aux situations qui provoquent de la timidité, on peut apprendre à les surmonter et à développer une plus grande confiance en soi. Le processus nécessite du temps et de la patience, mais comme tout comportement appris, la timidité peut être modifiée, nous permettant de nous épanouir davantage dans nos interactions et dans la vie en général.

80% des gens ont vécu un traumatisme, lui-même étant ancré dans le corps. Notre corps réagit en fonction de nos ressentis face à ces traumatismes. Par exemple, une personne angoissée va créer des tensions corporelles afin de réagir à une situation d'insécurité.
Son corps est en mode survie et va réactiver le même fonctionnement en boucle s'il n'est pas pris en charge.
Nos modes de fonctionnement se sont enracinés en nous à travers nos blessures d'enfance et celles transmises par les

générations précédentes. La bonne nouvelle, cependant, est qu'il est tout à fait possible de modifier ces modes de fonctionnement devenus automatiques.

En fin de compte, la confiance en soi est largement liée à notre enfant intérieur, qui a développé des blessures pendant l'enfance et n'a jamais été vraiment écouté par notre adulte.

L'acceptation de nos blessures, de nos peurs et de nos faiblesses est la première étape pour reconstruire cette confiance progressivement.

Derrière une faible confiance en soi se cachent souvent des difficultés à s'accepter, à s'aimer et à se respecter. Ces aspects sont étroitement liés, il est donc important de comprendre que la confiance en soi ne se limite pas à un seul élément, mais englobe un ensemble plus vaste.

Ensuite, le deuxième pas revient à se reconnecter à ses valeurs, ses principes. Sur le papier, ça parait facile mais en réalité, on s'oublie bien souvent. Par exemple, apprendre à dire non, commencer à faire les choses pour soi et non pour faire plaisir à autrui, d'être égoïste sans culpabiliser. L'égoïsme n'est pas seulement un défaut, il devient une qualité dès lors que l'on préfère se faire passer avant, se faire plaisir à soi. Préférer se prioriser pendant un temps de reconnexion avec soi, n'est pas être égoïste, c'est source de bien-être. Vous procurer du bien-être avant d'en procurer aux autres. Car en effet, seul vous, avez la capacité de vous rendre heureux à 100%. En apprenant à vous connaître davantage, vous avez les ressources pour pleinement faire vibrer la joie et le bonheur en vous. C'est d'ailleurs, cet aspect personnel que beaucoup oublient à défaut de l'utiliser pour soi, il le recherche chez l'autre et ainsi développe des attentes envers autrui.

Avoir des attentes du point de vue relationnel n'est pas très bon à long terme. Car, des attentes envers autrui induisent des frustrations, des mal-être, de la pression inutile et bien souvent une rupture relationnelle...

Pourquoi se choisir soi avant les autres ? Tout simplement car vous êtes votre meilleure amie pour la vie, celle qui vous restera fidèle quelles que soient les circonstances.

Le premier pas est de s'aimer, de se regarder dans la glace et d'y voir du positif, de la joie, de la bienveillance. Développer une sorte de relation avec soi, garder pour soi certaines choses, ne pas tout partager, apprendre à vivre seul, voyager seul...
Ce sont des outils qui augmenteront votre jauge de pleine confiance.

Avant de se mettre en couple, généralement on conseille aux autres de se donner assez d'amour propre en amont pour ensuite en donner à l'autre. Car l'autre n'est qu'un plus , nous n'avons pas besoin de l'autre pour vivre, il faut voir ça comme un supplément positif qui vient compléter notre bonheur.
Bien sûr, qu'à certains moments, nous ressentons le besoin d'être entouré. L'humain est fait pour vivre en communauté. Mais chercher à toujours être entouré peut révéler une insécurité à se retrouver face à soi-même. Les personnes qui ne se retrouvent jamais seules sont celles qui appréhendent le moment où elles doivent faire face à leurs pensées, leurs blessures,...

Les expériences de la vie développent cette confiance, je l'observe autour de moi, grâce à mon entourage et également d'après les réseaux sociaux.
Nous arrivons dans un ère où le bien-être prime avant le reste. Nombreux sont ceux qui se spécialisent dans la psychologie, dans le bien-être, ce n'est pas du pur hasard. Si l'humain ressent le besoin de prendre soin de lui c'est qu'il ne se sent pas en bonne santé.

Ainsi, il faut rééduquer nos mentalités afin d'accroître ce sentiment de bien-être collectif. Encore aujourd'hui, prendre rendez-vous chez un psychologue est difficilement acceptable dans la société. Malgré cette faible démocratisation, on remarque que beaucoup ne consultent pas car il pense être bien, alors qu'ils ont vécu par le passé des choses traumatisantes qu'ils ont enfouies…
Pourquoi devriez-vous les laisser enfouis en vous et gâcher votre vie en traînant un fardeau tout au long de votre existence sur Terre ?

S'aimer soi-même est un grand pas vers la guérison. Le principe est simple d'un point de vue général mais assez complexe quand il s'agit de reconstruire tout autour de soi, lorsqu'on voit son propre monde s'écrouler.
Réaliser qu'on est la seule personne à pouvoir nous donner l'amour que l'on mérite car nous connaissons et prenons conscience de notre valeur, c'est un cadeau inestimable.
Faites le point sur votre amour propre, prenez le temps de vous parler, de vous connaître, de vous respecter. Tant de choses qui améliorent votre bien-être quotidien. Ceci peut aller de la plus petite attention adressée à vous-même à un

voyage en solitaire afin d'accroître la connaissance de vous-même.
Plus on se connait, mieux on se respecte.
Plus on se respecte, mieux les autres nous respectent.
Plus les autres nous respectent, plus on reçoit de la gratitude.

Acquérir cette connaissance de soi, favorise un respect de soi et engendre une confiance décuplée. Le changement ne se fait pas en un claquement de doigts, il résulte de beaucoup d'années d'expériences de vie. Car, c'est grâce à nos histoires, nos expériences que nous aspirons à devenir encore meilleurs. Avec le temps, sans même en prendre conscience nous changeons, chaque jour, nous nous élevons. Plus je vieillis et plus je me rends compte que je m'assagis avec le temps. C'est-à-dire, que les réactions que j'avais avant, ne sont plus les mêmes qu'aujourd'hui.

Au cours des dernières années, ma perspective sur le regard des autres et sur mes propres complexes a beaucoup évolué. Je ne me préoccupe plus autant de l'image que je renvoie aux autres, alors qu'auparavant, j'étais obsédée par mon apparence, même si les autres n'y faisaient pas vraiment attention. La leçon que j'en tire est qu'il est futile de se soucier de ce que les autres pensent de vous, car vous êtes la seule personne à vraiment vous connaître et à savoir ce qui vous plaît. Personne ne devrait pouvoir imposer ou critiquer votre façon de vivre. La vie que vous menez vous appartient.

Il est intéressant de noter que les critiques des autres sont souvent le reflet de leur propre jalousie ou de leurs propres blessures. Je pense que mon changement de perspective a commencé lorsque j'ai intégré le sport dans ma routine quotidienne. La musculation a transformé de nombreux aspects de ma vie.

Sans même le réaliser, j'ai développé une meilleure résistance face aux défis de la vie, une indifférence aux commentaires des autres, et une capacité à écouter mon corps plutôt qu'à me comparer aux autres. J'ai appris à m'aimer inconditionnellement pour ce que je suis, sans chercher constamment à me changer. J'ai également cultivé un mental plus fort, capable de dépasser mes limites et mes peurs.

Enfin, la pleine confiance relève de la pleine conscience, d'ici et maintenant.
J'entends par là que placer son attention sur votre tâche actuelle, va permettre de vous ancrer pleinement et ainsi vous concentrer sur cette tâche, ce qui développera votre confiance petit à petit. Réaliser que vous êtes présent à chaque moment de votre vie aide à vous connaître davantage, à aimer faire les choses, et par conséquent vous aimer pleinement.

L'amour de soi est en lien avec la confiance en soi. Ce n'est pas un chemin facile, par contre nous y passons tous. Nos chemins de vie sont clairement différents car nos points de départ (la naissance, la famille…) sont divers et varient en fonction des façons de penser, de l'éducation, de notre caractère. Les points clés restent d'être telle une entreprise SARL, S pour safe, A pour amour, R pour rêve et L pour liberté. Ceci clôturera ce livre, qui je l'espère vous aidera à avancer, à mener à des réflexions, des façons de penser. C'était ici tout le but de ce projet, vous faire voir la vie sous différents angles, aborder des thématiques communes avec des problèmes divers.

Prenez soin de vous,

Aimez-vous.